TAXA DE CÂMBIO E POLÍTICA CAMBIAL NO BRASIL

TAXA DE CÂMBIO E POLÍTICA CAMBIAL NO BRASIL

TEORIA, INSTITUCIONALIDADE, PAPEL DA ARBITRAGEM E DA ESPECULAÇÃO

PEDRO ROSSI

FGV EDITORA

Copyright © Pedro Rossi

Direitos desta edição reservados à
Editora FGV
Rua Jornalista Orlando Dantas, 37
22231-010 | Rio de Janeiro, RJ | Brasil
Tels.: 0800-021-7777 | 21-3799-4427
Fax: 21-3799-4430
editora@fgv.br | pedidoseditora@fgv.br
www.fgv.br/editora

Impresso no Brasil | *Printed in Brazil*

Todos os direitos reservados. A reprodução não autorizada desta publicação,
no todo ou em parte, constitui violação do copyright (Lei nº 9.610/98).

Os conceitos emitidos neste livro são de inteira responsabilidade dos autores.

1ª edição: 2016; 1ª reimpressão: 2017; 2ª reimpressão: 2020; 3ª e 4ª reimpressões: 2021;
5ª reimpressão: 2024.

Coordenação editorial e copidesque
Ronald Polito

Revisão:
Marco Antonio Corrêa e Sandro Gomes dos Santos

Capa, projeto gráfico de miolo e diagramação
Ilustrarte Design e Produção Editorial

Imagens da capa
Retrato de George Washington: © Kovalchuk Oleksandr
Efígie da República: © Fred Cardoso

Ficha catalográfica elaborada pela
Biblioteca Mario Henrique Simonsen/FGV

Rossi, Pedro
     Taxa de câmbio e política cambial no Brasil: teoria, institucionalidade,
papel da arbitragem e da especulação / Pedro Rossi. — Rio de Janeiro : FGV
Editora, 2016.
     176 p.

     Inclui bibliografia.
     ISBN:978-85-225-1844-9

     1. Câmbio — Brasil. 2. Política cambial — Brasil. 3. Finanças
internacionais. I. Fundação Getulio Vargas. II. Título.

CDD – 332.4560981

The nature of forward dealing in exchange is not generally understood. There are few financial topics of equal importance which have received so little discussion or publicity.
J. M. Keynes, 1924

Desde a adoção das taxas de câmbio flutuantes em 1973, os mercados de câmbio se tornaram o maior cassino do mundo.
Moffitt, 1984

Currency trading is unnecessary, unproductive, and immoral!
Mahatir Mohammed (primeiro-ministro da Malásia), 1997

Despite important methodological improvements and a number of clever new ideas, exchange rates remain a very tough nut to crack.
Kenneth Roggof, 2007

Estamos vivendo atualmente uma guerra cambial internacional.
Guido Mantega, 2010

Se os mercados de câmbio fossem um ser humano, eles estariam trancados em um hospital de loucos no momento. Estamos oscilando violentamente de uma perspectiva extrema para outra.
David Bloom, estrategista chefe de câmbio do HSBC, 2010

We must protect the dollar from the attacks of international money speculators.
Richard Nixon, 1971

The dollar is our currency, but your problem.
John Connally, 1971

SUMÁRIO

Introdução	11
PARTE I — Taxa de câmbio: aspectos teóricos, históricos e conceituais	15
Capítulo 1: Taxa de câmbio — aspectos gerais	17
1. Sobre o conceito de taxa de câmbio	17
2. Câmbio e competitividade externa	18
3. Câmbio e inflação	19
4. Câmbio e salários reais	21
5. Câmbio, estrutura produtiva e distribuição de renda	22
6. Câmbio e poupança	23
Resumo e conclusões	24
Capítulo 2: Taxa de câmbio na história do pensamento econômico	27
1. Padrão ouro-libra e o modelo *price-specie-flow*	27
2. O entreguerras e a PPC	28
3. Acordo de Bretton Woods e o impacto da política econômica no ajuste externo	30
4. Flutuação cambial e o debate sobre a especulação estabilizadora	33
5. A abertura financeira e os modelos de crises cambiais	38
6. Desenvolvimento recente das teorias sobre a taxa de câmbio	40
Resumo e conclusões	42
Capítulo 3: *Carry trade* e as paridades coberta e descoberta	45
1. O *carry trade* na literatura econômica	45
2. Acerca da definição de *carry trade*	48
3. Paridade coberta, arbitragem e a formação dos preços futuros	49
4. Paridade descoberta e o *carry trade*	51

Resumo e conclusões	53
Anexo — Dedução da fórmula de retorno de uma operação de *carry trade*	55

PARTE II — O sistema monetário internacional e as taxas de câmbio — 57

Capítulo 4: O mercado de câmbio internacional — 59

1. Volume de negócios e distribuição geográfica — 59
2. Liquidez e pares de moedas — 62
3. Os instrumentos e os principais agentes — 66
4. Estratégias de investimento para além dos fundamentos — 72
Resumo e conclusões — 75

Capítulo 5: O Ciclo de Liquidez e as taxas de câmbio — 77

1. Ciclo de liquidez e a financeirização das taxas de câmbio — 77
2. Ciclos de liquidez da globalização — 84
3. Ciclo de liquidez e taxa de câmbio: algumas evidências — 86
Resumo e conclusões — 89

PARTE III — A taxa de câmbio e a política cambial no Brasil — 91

Capítulo 6: O mercado de câmbio brasileiro — 93

1. O mercado primário — 93
2. O mercado interbancário — 97
3. O mercado de derivativos de câmbio — 100
4. O mercado *offshore* de reais — 103
5. Retrato do mercado de câmbio do real — 104
Resumo e conclusões — 110
Anexo: Notas sobre a contabilidade do setor externo — 112

Capítulo 7: Derivativos, cupom cambial e a especulação
no mercado futuro — 117

1. Sobre os derivativos — 117
2. O significado do preço do dólar futuro — 123
3. Arbitragem e o cupom cambial — 124
4. Componentes do retorno de uma operação futura — 126
5. Motivação dos agentes no mercado futuro de câmbio — 128

6. O circuito especulação-arbitragem	129
Resumo e conclusões	131

Capítulo 8: Especulação e arbitragem no Brasil: um estudo de caso — 133
1. Variação cambial e posição dos agentes na BM&F — 133
2. Especificidades da base de dados — 134
3. Análise gráfica — 136
4. Análise de regressão — 138
5. Interpretação dos resultados — 139
Resumo e conclusões — 141

Capítulo 9: Política cambial no Brasil — 143
1. Motivos para uma política cambial ativa — 143
2. Mercado primário e a política cambial — 146
3. Mercado futuro e interbancário: o circuito
  especulação-arbitragem — 149
4. Política cambial no Brasil: um esquema analítico — 151
Resumo e conclusões — 155
Anexo: Notas sobre os instrumentos de política cambial — 157

Conclusão — 165

Referências — 167

INTRODUÇÃO

No Brasil, a taxa de câmbio está — recorrentemente e por motivos variados — no primeiro plano do debate econômico nacional. Por vezes, a sobrevalorização cambial é o problema capital a ser endereçado sob pena da fragilização da indústria brasileira; por outras vezes, os rápidos processos de desvalorização e seus efeitos inflacionários tornam-se o centro das preocupações, ou ainda, períodos de alta volatilidade são destaques ao provocar indefinição, incerteza e perplexidade nos analistas econômicos. Essa alternância de motivos para a centralidade do câmbio no debate econômico é também um sintoma das especificidades da formação da taxa de câmbio no Brasil e da dificuldade da política cambial em dar um tratamento definitivo ao problema.

Diante disso, este livro busca apresentar ao leitor uma abordagem sobre a taxa de câmbio que se debruça sobre seus aspectos institucionais. Trata-se de entender o funcionamento do mercado de câmbio brasileiro e da política cambial e qualificar o papel do capital financeiro. O comportamento da taxa de câmbio no Brasil e o impacto de políticas cambiais são analisados à luz do quadro regulatório, da operacionalidade do mercado de câmbio, das mediações entre os mercados à vista e futuro, da estratégia de investimento dos agentes, dos ciclos especulativos e da existência de canais de arbitragem.

Não se trata, portanto, de discutir qual seria o nível adequado da taxa de câmbio no Brasil, mas de apontar como sua formação vem sendo sistematicamente influenciada pelas forças do mercado financeiro assim como descrever os canais pelos quais as políticas públicas podem ser efetivas. Para isso, serão endereçadas respostas para questões como: por que o fluxo cambial não explica a trajetória da taxa de câmbio real/dólar? Qual o papel do mercado de derivativos na formação da taxa de câmbio? Como a pressão especulativa é transmitida do mercado futuro para o mercado à vista? Quais os agentes responsáveis pela especulação e pela arbitragem? Qual o papel do mercado de câmbio *offshore*? Qual o impacto dos controles de capital sobre os diferentes mercados? Qual o impacto das demais formas de política cambial sobre a taxa de câmbio? E como melhorar a institucionalidade do mercado de câmbio brasileiro?

No caso brasileiro, há uma importante especificação acerca da influência financeira na taxa de câmbio: não se trata exclusivamente de um problema de fluxos financeiros, mas também de administração dos estoques de divisas e, principalmente, de operações com derivativos. Assim, como a ponta de um *iceberg*, os fluxos financeiros são mais aparentes, mas têm importância reduzida quando comparados ao mercado de derivativos. Nesse sentido, a análise da política cambial considera a interação entre os diferentes níveis de mercado — à vista, interbancário e de derivativos — assim como identifica os canais de transmissão entre esses diferentes mercados e as dinâmicas da arbitragem e da especulação.

Ou seja, dada a complexidade da dinâmica cambial, a análise de política deve ter em conta os vários segmentos dos quais é composto o mercado de câmbio e como essas partes se comunicam. Por exemplo, uma política de controle de fluxo de capital não é eficaz ou ineficaz por natureza, ela depende de outros fatores institucionais como o grau de acesso dos agentes ao mercado de derivativos e a existência de canais de arbitragem livres de custo entre esse último mercado e o mercado interbancário. É objetivo deste livro prover insumos para esse tipo de avaliação.

Para isso, o livro divide-se em três partes. A primeira, com três capítulos, apresenta aspectos teóricos, históricos e conceituais sobre a taxa de câmbio. No capítulo 1, de forma introdutória e didática, discutem-se algumas questões gerais sobre a taxa de câmbio e seu impacto macroeconômico. Entre outros temas, são discutidas as relações entre a taxa de câmbio e a inflação, a estrutura produtiva, a distribuição de renda, a poupança e os salários, e busca-se desmontar alguns mitos difundidos sobre essas relações.

O capítulo 2 faz um breve mapeamento dos principais debates teóricos sobre a taxa de câmbio utilizando-se de um recorte histórico. A discussão desse capítulo mostra como as formulações teóricas sobre o câmbio sempre foram motivadas pelos desafios impostos pela história e pela falha das teorias predecessoras em explicar a realidade.

O conceito de *carry trade* é discutido com profundidade no capítulo 3, onde se busca diferenciá-lo de uma operação convencional de arbitragem com juros no plano internacional. Para isso, recorre-se às equações das pa-

INTRODUÇÃO

ridades coberta e descoberta da taxa de juros. A primeira define a formação dos preços futuros e a condição para arbitragem no mercado de câmbio, já a segunda consiste em um pressuposto teórico que, se verificado, tornaria nulo o retorno do *carry trade* e da especulação com moedas.

Na segunda parte do livro, intitulada "O sistema monetário internacional e as taxas de câmbio", são apresentados os condicionantes externos que influenciam a precificação da moeda brasileira. O capítulo 4 descreve o mercado de câmbio internacional e suas principais características, como o volume de negócio, localização geográfica, instrumentos, principais agentes, liquidez dos pares de moeda e estratégias de investimento.

Já o capítulo 5 busca avaliar o impacto do ciclo de liquidez na determinação das taxas de câmbio. Para isso, discute-se no plano teórico a hierarquia de moedas e o conceito de *carry trade* é retomado como o elo transmissor do ciclo de liquidez para as taxas de câmbio. Adicionalmente, apresenta-se uma medida do ciclo de liquidez e avalia-se empiricamente a relação desse com taxas de câmbio selecionadas.

Nos capítulos da terceira e última parte do livro, intitulada "A taxa de câmbio e a política cambial no Brasil", apresentam-se os elementos determinantes da dinâmica do mercado de câmbio e da política cambial no Brasil. O capítulo 6 analisa a formação da taxa de câmbio no Brasil tendo em conta as especificidades do mercado de câmbio brasileiro e de seu ambiente regulatório. Para isso avaliam-se os pormenores da institucionalidade dos mercados primário, interbancário, de derivativos e, por último, o mercado *offshore*, e uma atenção especial é direcionada para a articulação entre esses mercados. Essa caracterização do mercado de câmbio brasileiro é complementada com uma descrição estatística de cada mercado.

No capítulo 7, apresentam-se alguns conceitos fundamentais para o entendimento da dinâmica cambial no Brasil. Os derivativos são discutidos em profundidade, assim como o conceito de cupom cambial e sua relação com a arbitragem internacional de juros. Adicionalmente analisa-se a composição do retorno de uma operação com dólar futuro, descrevem-se as motivações dos agentes no mercado futuro e caracteriza-se a formação de ciclos especulativos nesse mercado.

Dadas as especificidades do mercado de câmbio brasileiro, o capítulo 8 apresenta um estudo de caso sobre a formação da taxa de câmbio real/dólar com base na distinção das categorias de agentes responsáveis pela arbitragem e pela especulação no mercado futuro. Os resultados da análise estatística indicam que no Brasil, para o período selecionado, os estrangeiros e investidores institucionais formaram tendências no mercado de câmbio futuro com objetivo de obter ganhos especulativos, e que os bancos comerciais atuaram para realizar ganhos de arbitragem transmitindo a pressão especulativa oriunda do mercado futuro para o mercado à vista.

Finalmente, o último capítulo trata da política cambial no Brasil a partir de um enfoque centrado na institucionalidade do mercado de câmbio brasileiro. Seu objetivo é avaliar como essa institucionalidade condiciona as políticas de câmbio no Brasil (como as intervenções do banco central, os controles sobre fluxos de capital, a regulação sobre a posição dos bancos e a taxação sobre as operações de derivativos) e, em particular, como a especulação opera nessa institucionalidade. Ao final, uma conclusão encerra o livro.

A estrutura deste livro foi pensada para tratar o tema de estudo dos seus aspectos mais simples para os mais complexos e por isso apresenta capítulos com ambições e graus de complexidade diferentes. Os primeiros capítulos são mais acessíveis e com linguagem menos acadêmica enquanto os últimos capítulos são mais difíceis e buscam atender ao rigor de textos acadêmicos. As eventuais contribuições deste livro encontram-se principalmente nos capítulos 6, 8 e 9 que derivam diretamente de artigos publicados em revistas acadêmicas. Para os leitores com conhecimento no assunto e falta de tempo, a leitura desses capítulos pode ser recomendada. Já aqueles que buscam apenas uma iniciação no tema da taxa de câmbio, as partes I e II podem ser úteis e acessíveis enquanto a parte III pode ser demasiadamente complicada. Por fim, vale dizer que este livro não constitui uma coletânea de artigos, mas um trabalho onde cada capítulo busca contribuir para a construção e o pleno entendimento do objeto de pesquisa.

PARTE I

Taxa de câmbio: aspectos teóricos, históricos e conceituais

CAPÍTULO 1

TAXA DE CÂMBIO — ASPECTOS GERAIS

Os movimentos da taxa de câmbio não são neutros e não deixam ninguém indiferente. Em sua essência, o câmbio é um preço relativo entre ativos *sui generis*: as moedas, que são alicerces das economias modernas e constituem a referência para a formação dos preços de bens, dos serviços e também dos preços financeiros. A variação na taxa de câmbio é, portanto, a variação do preço de uma moeda medida em relação a outra moeda e, consequentemente, é a variação de toda uma estrutura de preços relativos que tem impacto nos ganhos de setores econômicos e classes sociais. Nesse sentido, a estrutura produtiva e a distribuição de renda são influenciadas pelos movimentos da taxa de câmbio.

Dada a sua importância, este capítulo propõe apresentar de forma introdutória e didática algumas questões gerais sobre o tema da taxa de câmbio e seu impacto macroeconômico. O capítulo está organizado em torno da problematização de seis pontos: 1) as especificidades do conceito de taxa de câmbio, 2) a relação entre o câmbio e a competitividade externa, 3) os impactos da variação cambial na inflação, 4) nos salários reais e 5) na estrutura produtiva e distribuição de renda e, por fim, 6) a controvérsia entre poupança e taxa de câmbio. Alguns desses pontos parecem triviais, à primeira vista, mas quando discutidos em profundidade, revelam pormenores importantes para o debate econômico e ajudam a desconstruir mitos.

1. SOBRE O CONCEITO DE TAXA DE CÂMBIO

Como medida de valor, a moeda é a referência para todas as mercadorias e contratos em um território nacional, e o preço de mercadorias e contratos é expressão monetária do valor dos mesmos. Em uma economia hipoteticamente fechada, a moeda nacional não tem preço, pois teria que se referir a si própria, como equivalente de si mesma. Contudo, no mundo em que vivemos, as moedas nacionais têm preço quando comparadas a outras moedas; a esse preço específico dá-se o nome de taxa de câmbio.

Logo, a taxa de câmbio é o preço de uma moeda — equivalente geral de um espaço econômico e referência de uma estrutura de preços relativos — em relação a outra moeda. Ou seja, a taxa de câmbio expressa a quantidade necessária de uma moeda para se adquirir outra moeda. Nesse sentido, o câmbio é o elemento que permite comparar estruturas de preços relativos de espaços monetários distintos. Como argumenta Flassbeck (2001), a taxa de câmbio é um conceito bilateral, uma vez que sempre depende da comparação entre duas moedas.[1] Não existe, portanto, a taxa de câmbio de um país e, a rigor, a expressão "taxa de câmbio brasileira" é um equívoco conceitual, trata-se da taxa de câmbio real/dólar, real/euro etc.

2. CÂMBIO E COMPETITIVIDADE EXTERNA

As tarifas de comércio externo têm impacto direto na competitividade dos setores produtivos domésticos. Uma alteração da tarifa sobre importação tende a modificar diretamente a competitividade dos produtos estrangeiros nos mercados nacionais, enquanto uma variação da tarifa sobre exportações altera a competitividade do produto doméstico no plano internacional.

No que se refere à competitividade, o movimento da taxa de câmbio tem efeito análogo a uma combinação de políticas tarifárias, por exemplo, uma desvalorização cambial equivale a um aumento das tarifas de importação somado à redução das tarifas de exportação. Com isso, amplia-se a competitividade dos produtos domésticos simultaneamente nos mercados interno e internacional. Por outro lado, uma valorização cambial equivale à combinação de redução de tarifas de importação e de aumento das tarifas de exportação e, portanto, prejudica a produção de bens domésticos transacionáveis nos mercados interno e internacional.[2]

---

[1]   A taxa de câmbio também pode ser um conceito multilateral quando se calculam taxas de câmbio efetivas que consideram cestas de moedas.

[2]   Em economias onde os produtos domésticos têm um alto grau de insumos importados, deve-se relativizar essa análise.

Apesar de causar impactos semelhantes sobre a competitividade do setor produtivo, as tarifas são amplamente reconhecidas como instrumento de política econômica, enquanto o mesmo não ocorre para a taxa de câmbio. No plano da política doméstica são debatidas, formuladas e explicitadas estratégias de política tarifária. Também no plano internacional há um fórum específico para discussão dessas políticas e para acordos multilaterais acerca das tarifas de comércio: a Organização Mundial do Comércio. Já a taxa de câmbio é um instrumento de política menos considerado tanto no debate doméstico quanto nos fóruns multilaterais onde faltam espaços para uma discussão normativa acerca dos desajustes cambiais, seus efeitos sobre os desequilíbrios de balanço de pagamento e sobre as diferentes estruturas produtivas domésticas.

3. CÂMBIO E INFLAÇÃO

É frequente, no debate econômico, a afirmação de que não se deve desvalorizar artificialmente a taxa de câmbio, pois o efeito esperado será essencialmente uma taxa de inflação maior e uma menor eficiência na alocação de recursos. Adicionalmente, argumenta-se que a desvalorização é ineficaz, pois a inflação provocada neutraliza o efeito nominal e resulta em uma taxa de câmbio real estável. Esses argumentos, apesar de comuns, são parciais e devem ser relativizados. A desvalorização cambial não deve ser entendida como uma simples geradora de pressão inflacionária, mas como uma fonte de alteração dos preços relativos no âmbito de uma economia nacional.

Há três grupos de preços de produtos na economia: os preços monitorados, os preços de bens não comercializáveis e os preços de bens comercializáveis. A dinâmica do primeiro grupo de preços é definida por contratos e, portanto, independe da taxa de câmbio — exceto em casos específicos em que esses contratos são indexados à variação cambial.

Já os preços de bens comercializáveis, onde se incluem os produtos agrícolas e industriais, são diretamente afetados pelas variações cambiais pelos motivos já conhecidos: a alteração dos preços relativos dos produtos domésticos *vis-à-vis* os produtos estrangeiros. Ou seja, a valorização cambial torna os produtos domésticos menos competitivos no mercado doméstico e internacional, enquanto a desvalorização cambial tem o efeito reverso.

No caso dos preços de bens não comercializáveis, onde se classifica a maior parte dos serviços, não há dependência direta da taxa de câmbio. Por natureza, a concorrência no setor de serviços tradicional é uma concorrência limitada ao espaço doméstico/local, uma vez que não há possibilidade de substituição desses tipos de produtos por produtos estrangeiros. Ou seja, não se muda o filho para uma escola nos EUA porque a taxa de câmbio valorizou, ou não se vai ao cabeleireiro em Paris pelo mesmo motivo.

Visto isso, o efeito de uma desvalorização cambial deve ser entendido no contexto desses três grupos de preços. Essa corresponde a um ajuste de preços relativos que aumenta os preços dos bens comercializáveis em relação aos preços de serviços e aos preços monitorados, e o efeito inflacionário direto é restrito a esse primeiro grupo de bens. Adicionalmente, esse efeito inflacionário também é restrito no tempo, pois os preços só aumentam enquanto durar o processo de ajustamento da economia à nova configuração de preços relativos. Nesse sentido, a desvalorização cambial não provoca a aceleração da inflação e sim um aumento localizado de uma categoria de preços e restrito no tempo.

Essa desvalorização cambial pode aumentar indiretamente os preços de serviços por um "efeito custo",[3] mas também pode reduzir indiretamente esses preços por um "efeito demanda". Esse último efeito é mediado pela redução da demanda por serviços causada por um comprometimento maior da renda doméstica com os bens comercializáveis. Ou seja, enquanto o câmbio valorizado pode aumentar a demanda por serviços causando uma inflação de serviços acima da média, a desvalorização cambial tende a conter o aumento de preços nesse setor. Esse processo completa o ajustamento da economia para um novo patamar de preços relativos, onde o setor produtor de bens (industriais e agrícolas) tem um ganho em relação ao setor de serviços.

Nesses termos, é um equívoco associar o ajuste cambial à inflação de preços generalizada uma vez que esse constitui, em sua essência, um ajuste de preços relativos dos preços domésticos *vis-à-vis* os preços internacionais e entre diferentes grupos de preços domésticos.

---

[3] Por exemplo, os restaurantes oferecem serviços cujo custo depende em grande parte do preço de alimentos, que constituem bens comercializáveis em sua maioria.

4. CÂMBIO E SALÁRIOS REAIS

Uma desvalorização cambial é frequentemente vista como politicamente impopular, uma vez que pode reduzir o poder de compra da população no curto prazo. Apesar de relativamente correta, pode-se desmitificar essa ideia, a começar pelo seguinte argumento: a desvalorização cambial só provoca uma redução dos salários reais se a taxa de inflação foi superior ao aumento de salário nominal no período em questão.

Pela ótica da renda, que trata da remuneração dos fatores de produção, o produto (y) é igual aos salários (w), lucros (l) e rendas (i) medidos em termos reais. Uma visão simplificada atribui à desvalorização cambial o efeito de redistribuir a renda nacional prejudicando os salários e favorecendo os lucros. Isso porque o câmbio mais desvalorizado por um lado aumenta o preço dos bens de consumo do trabalhador e, por outro lado, dá ganhos de competitividade ao setor produtivo, o que permite a recomposição das margens de lucro. Contudo, esse efeito não ocorre se a variação nos preços dos bens de consumo do trabalhador foi inferior ao aumento de salários nominais. Ou seja, a parcela dos salários reais na renda pode ser mantida e até aumentada diante de uma desvalorização cambial. Por exemplo, quando uma desvalorização cambial ocorre simultaneamente a uma queda nos preços de *commodities*, a mudança cambial pode não gerar pressões inflacionárias e assim não reduzir o poder de compra do trabalhador.

Nesse caso, pode-se argumentar que não haverá ganho de competitividade para o setor produtivo, uma vez que a parcela dos lucros sobre a renda não aumentará. Esse argumento, apesar de atraente, é falso, uma vez que o ganho de competitividade do setor produtivo pode decorrer de uma redistribuição da massa de lucro entre o setor produtor de bens transacionáveis (lb), agrícolas e industriais, e os setores de serviços (ls), sendo ↑lb > ↑ls.

Ou seja, a desvalorização cambial é um impulso para um aumento relativo do lucro dos setores produtores de bens em relação ao setor que vende serviços. Além disso, pode-se considerar que uma desvalorização cambial conjugada a uma redução da taxa de juros de referência aumente a parcela de salários e lucros e reduza a parcela dos rendimentos na distribuição do produto nacional.

Outro motivo para uma melhora relativa da situação dos trabalhadores decorre da análise dinâmica dos efeitos de uma desvalorização cambial. Ao estimular os setores produtores de bens em detrimento do setor de serviços, a desvalorização pode impulsionar também o crescimento econômico e a geração de empregos de maior qualidade. Em particular, o estímulo ao setor produtor de bens industriais tem efeitos multiplicadores da renda maiores, dados os encadeamentos produtivos inerentes à organização industrial. Ou seja, mesmo considerando que o efeito inicial de uma desvalorização cambial reduza seu ganho de salário real, no médio prazo, o trabalhador pode ter garantia do emprego e aumentos de renda ocasionados pela distribuição dos frutos de crescimento econômico.

5. CÂMBIO, ESTRUTURA PRODUTIVA E DISTRIBUIÇÃO DE RENDA

O efeito da taxa de câmbio sobre a estrutura produtiva depende da temporalidade da análise. No curto prazo, os efeitos são ambíguos uma vez que há uma enorme rigidez na estrutura produtiva. A oferta não responde automaticamente aos estímulos de preços e a substituição de produtos importados depende da flexibilidade de contratos e das redes de fornecedores. Nem sempre uma empresa brasileira pode substituir um insumo importado por um produto doméstico, seja por obrigações contratuais, seja porque o fornecedor doméstico simplesmente não existe. Ou seja, a desvalorização cambial se apresenta, no curto prazo, como um elemento de custo para as empresas. No caso brasileiro, o impacto de curto prazo do câmbio sobre a estrutura produtiva parece ser negativo para vários setores que, com alta penetração de insumos importados, repassam ao consumidor o custo da desvalorização, o que pode neutralizar os ganhos de competitividade.

No longo prazo o problema contratual se resolve, mas o surgimento de redes de fornecedores domésticos depende de novas empresas, empresários, *expertise*, tecnologia, que nem sempre estão disponíveis. Nesse contexto, se um longo período de apreciação pode quebrar cadeias produtivas e desindustrializar, a desvalorização cambial não necessariamente remonta essas cadeias e reconstrói o caminho da industrialização. Nesse ponto, é preciso ter claro que uma estratégia de diversificação da estrutura produtiva depende da articulação da política cambial com outras políticas macro, de crédito e industrial.

Alguns argumentam que a desvalorização cambial, ao reduzir os salários reais, aumenta as taxas de lucro e, consequentemente, o investimento indus-

TAXA DE CÂMBIO — ASPECTOS GERAIS

trial. Essa afirmação é uma possibilidade teórica, mas não é necessariamente verdadeira. Como visto na seção anterior, a desvalorização cambial não precisa ser acompanhada por uma queda nos salários reais; logo, o impacto distributivo de uma desvalorização cambial pode perfeitamente preservar os salários reais e aumentar o lucro dos setores produtores de bens relativamente ao lucro do setor de serviços. No caso brasileiro da última década, um longo período de câmbio apreciado contribuiu para uma inflação de serviços acima da inflação de bens comercializáveis, o que gerou um ajustamento de preços relativos em benefício do setor de serviços.

Adicionalmente, pode ser um equívoco pensar na queda de salários reais como um incentivo ao lucro e ao investimento industrial. Entre outros motivos, porque o salário não é apenas uma variável de oferta — ou de custo de produção —, mas também de demanda. Logo, a queda dos salários reais domésticos é também a queda na demanda doméstica por produtos industriais. Nesse sentido, apostar na queda dos salários reais como elemento dinâmico pode ser um erro estratégico especialmente em economias como a brasileira onde o mercado interno é extremamente importante para o setor industrial.

O desafio do desenvolvimento com diversificação produtiva e inclusão social é construir um modelo onde a expansão dos salários e a inclusão social dinamizem o mercado doméstico e que isso seja canalizado para expansão e aumento da produtividade da indústria brasileira. Para isso, a desvalorização cambial será virtuosa se, por um lado, não penalizar o poder de compra dos salários e, por outro lado, evitar que o dinamismo econômico provocado pelo processo distributivo seja consumido pelo aumento de importações.

6. CÂMBIO E POUPANÇA

Alguns economistas argumentam que a desvalorização da taxa de câmbio, quando necessária, não deve ser empreendida pelo meio de políticas cambiais, mas deveria resultar de um ajuste fiscal. O argumento básico é que a desvalorização cambial virá com o aumento da taxa de poupança doméstica, pública ou privada. Esse aumento reduziria a taxa de juros e o financiamento estrangeiro (poupança externa) provocando uma depreciação cambial. Decorre disso que, sem aumento da poupança doméstica, as tentativas de manter a taxa de câmbio em um patamar mais depreciado seriam inócuas por conta da pressão dos capitais estrangeiros que valorizariam novamente a taxa de câmbio.

Do ponto de vista teórico, esses argumentos contemporizam com a lei de Say e com a precedência temporal da poupança em relação ao investimento. Na prática, o argumento sustenta que um país só pode ter uma taxa de câmbio mais depreciada se tiver um excesso de poupança doméstica (superávit em transações correntes). Como exemplo, a China tem uma poupança doméstica elevada e, portanto, pode ter uma taxa de câmbio depreciada.

Contudo, pode-se argumentar no sentido inverso: a China só tem um excesso de poupança doméstica, pois tem uma taxa de câmbio depreciada. Corrobora essa última afirmação o fato de a depreciação cambial chinesa ter sido induzida e mantida politicamente com a administração da taxa de câmbio e com controles de capitais, e não dependeu de nenhum ajuste fiscal prévio ou de aumento de poupança privada.

Trazendo essa discussão para o Brasil, uma desvalorização cambial pode, por meio do aumento da competitividade do setor exportador, tornar o resultado das transações correntes positivo e, com isso, o país se tornará um exportador de poupança. Essa exportação de poupança pode se realizar sem nenhum tipo de aumento prévio de poupança. Ela será um resultado da desvalorização cambial e não uma condição para a mesma. Ou seja, a taxa de câmbio competitiva, em vez de sobreapreciada, reduz o consumo agregado e aumenta a poupança interna.

Tampouco a manutenção da taxa de câmbio em um patamar depreciado depende de um aumento de poupança. Mesmo com uma taxa de juros acima do que seria o equilíbrio internacional, a atração de capitais que valoriza a taxa de câmbio pode ser evitada com os controles de capitais. Nesse sentido, a poupança doméstica não é uma restrição para a desvalorização cambial.

RESUMO E CONCLUSÕES

- A taxa de câmbio é o preço de uma moeda — equivalente geral de um espaço econômico e referência de uma estrutura de preços relativos — em relação a outra moeda. Nesse sentido, o câmbio é o elemento que permite comparar estruturas de preços relativos de espaços monetários distintos.

- No que se refere à competitividade, o movimento da taxa de câmbio tem efeito análogo a uma combinação de políticas tarifárias; por exemplo, uma desvalorização cambial equivale a um aumento generalizado das tarifas de importação somado à redução das tarifas de exportação.
- A desvalorização cambial não deve ser entendida como uma simples geradora de pressão inflacionária, mas como uma fonte de alteração dos preços relativos no âmbito de uma economia nacional que aumenta os preços dos bens comercializáveis em relação aos preços de serviços e aos preços monitorados. O efeito inflacionário direto é restrito a um dos grupos de preços, a saber, os preços livres de bens agrícolas e industriais.
- A desvalorização cambial é um impulso para um aumento relativo do lucro dos setores produtores de bens em relação ao setor que vende serviços.
- O efeito da taxa de câmbio sobre a estrutura produtiva depende da temporalidade da análise. No curto prazo, os efeitos são ambíguos uma vez que há uma enorme rigidez na estrutura produtiva.
- Se um longo período de apreciação pode quebrar cadeias produtivas e desindustrializar, a desvalorização cambial não necessariamente remonta essas cadeias e reconstrói o caminho da industrialização.
- A desvalorização cambial pode ser virtuosa a ponto de, por um lado, preservar o poder de compra dos salários e, por outro lado, evitar que o dinamismo econômico provocado pelo processo distributivo seja consumido pelo aumento de importações.
- O nível de poupança doméstica não é uma restrição para uma desvalorização cambial. Pelo contrário, uma desvalorização cambial pode tornar um país um "exportador líquido de poupança" por meio de um aumento de competitividade do setor exportador que torne o resultado das transações correntes positivo.

CAPÍTULO 2

TAXA DE CÂMBIO NA HISTÓRIA DO PENSAMENTO ECONÔMICO

As formulações teóricas sobre a taxa de câmbio sempre foram motivadas pelos desafios impostos pela história e pela falha das teorias predecessoras em explicar a realidade. Essa pode ser considerada uma característica geral da ciência econômica, onde as construções teóricas são sempre mediadas por considerações histórico-institucionais. "Trata-se de uma teoria cujo tempo lógico é subordinado ao tempo histórico" (Miranda, 1992:356). Nesse contexto, este capítulo faz um breve mapeamento de alguns dos principais debates teóricos sobre a taxa de câmbio utilizando-se de um recorte histórico na medida em que busca contextualizar cada um dos debates em seu ambiente institucional.

1. PADRÃO OURO-LIBRA E O MODELO *PRICE-SPECIE-FLOW*

O padrão ouro-libra marca a consolidação de um sistema monetário internacional e, consequentemente, de um sistema de taxas de câmbio para conversão de uma moeda doméstica em outra, intermediado pela paridade com o ouro. Nesse padrão, o paradigma teórico era o modelo *price-specie-flow* de David Hume, que constitui o primeiro cânone liberal para modelos de ajustamento externo, que terá continuidade em outros modelos teóricos como os modelos monetaristas (seção 4 deste capítulo). Na base da construção de Hume e de seus sucessores está a concepção de que a economia é regida por leis naturais e a política, por ser arbitrária, prejudica o funcionamento do sistema econômico.[4]

---

[4] David Hume escreve em meados do século XVIII, no contexto de crítica às ideias mercantilistas, em particular a orientação política de que as nações devem acumular ouro por meio de grandes superávits comerciais.

Esse modelo adota hipóteses simplificadoras como a circulação de ouro como meio de pagamento, a flexibilidade absoluta dos preços e a inexistência de um sistema bancário com capacidade de criar moeda (Eichengreen, 2000). O mecanismo de ajuste desse modelo consiste na variação da oferta de moeda (ouro) de acordo com o saldo na balança comercial. Ou seja, quando um país tem déficit na balança comercial, ele incorre em perda de reservas de ouro, o que reduz a sua base monetária e o nível de preços interno. Dessa forma, o ajuste deflacionário ocorre até a recomposição da competitividade dos produtos domésticos e a anulação do déficit comercial. Já para os países superavitários, o mecanismo de ajuste é a inflação de preços.[5]

Nesse sentido, o modelo de David Hume propunha um sistema de ajustamento automático por meio de fluxos de mercadoria e ouro e uma tendência inevitável ao equilíbrio no comércio internacional. Na mecânica do modelo, a taxa de câmbio nominal é fixa e, portanto, irrelevante para o ajustamento externo das economias já que cabem aos preços internos o ajuste da taxa de câmbio real e o equilíbrio de balanço de pagamentos.

Na prática, os ajustes do padrão-ouro não eram automáticos como propunha o modelo de Hume e cabia aos aumentos na taxa de juros o duplo papel de 1) gerar ajustes recessivos por meio de pressões deflacionárias e 2) atrair e evitar fugas de capitais e assim sustentar a paridade com o ouro. Os ajustes recessivos do padrão-ouro eram característicos da ordem internacional liderada pelos ingleses, que corresponde ao período que se estende da revolução industrial inglesa à eclosão da Primeira Guerra Mundial.

2. O ENTREGUERRAS E A PPC

Com o fim da Primeira Guerra Mundial, o Estado ganha novas responsabilidades de política econômica nos países centrais. O envolvimento da

---

[5]   Na prática, o mecanismo de ajustes era, sobretudo, com base nas variações da taxa de juros para atração de fluxos de capitais. Keynes (1971a:192-193) mostra como os ajustes na *bank rate* buscavam o equilíbrio externo no regime do padrão-ouro e geravam desequilíbrios no sistema internacional. Já Eichengreen (2000) defende que, para o período em discussão, não havia grande movimentação de ouro e, adicionalmente ao ajuste pelas taxas de juros, o sistema dependia de uma *solidariedade internacional* entre os principais países que consistia na coordenação entre as políticas monetárias e a disposição de linhas de empréstimos para os países com dificuldades para manter a paridade entre as moedas domésticas e o ouro. Sobre os ajustamentos do padrão-ouro, ver Bastos (2001).

população mais pobre no esforço de guerra, a sindicalização dos operários e o avanço da democracia colocaram novos desafios para a administração pública que passa a ser confrontada com o *trade-off* de política econômica entre garantir a paridade fixa com o ouro ou enfrentar problemas domésticos, como o desemprego.[6] Nesse contexto histórico, surge a primeira teoria sobre a determinação da taxa de câmbio: a Paridade do Poder de Compra (PPC), elaborada por Gustav Cassel (1918). Para o autor, no período de guerra houve divergências entre as taxas de inflação nos diferentes países e, por conta disso, argumenta que as taxas de câmbio de equilíbrio entre esses países (e) devem convergir para o nível que iguale os preços dos bens domésticos (P) aos preços dos bens no país estrangeiro (P*), sendo $e = P / P*$:

> *The general inflation which has taken place during the war has lowered this purchasing power in all countries, though in a very different degree, and the rates of exchanges should accordingly be expected to deviate from their old parity in proportion to the inflation of each country. At every moment the real parity between two countries is represented by this quotient between the purchasing power of the money in the one country and the other. I propose to call this parity "the purchasing power parity".* [Cassel, 1918:413]

Keynes, então editor do *Economic Journal* onde o artigo de Cassel foi publicado, incorpora a PPC para argumentar que a paridade ouro-libra não deve ser restabelecida ao nível do pré-guerra onde uma onça de ouro era igual a 3 libras e 17 *shillings*.[7] Em uma análise política, Keynes (1971b) sustenta que as consequências da retomada da paridade ouro-libra por Churchill, em 1925, seriam inevitavelmente uma deflação de preços associada ao

---

[6] "Há um aspecto, aqui, que merece consideração especial: a *'desindividualização'* do desemprego. A participação das camadas populares na vida das nações terminou por alterar a percepção e a atitude política que se tinha em relação a uma dimensão particular — e central — da economia: o desemprego. Este deixou de ser visto como um fenômeno individual (ou natural) e passou a ser entendido como um fenômeno econômico, político e social. Neste sentido, a ação dos governos deveria, a partir de então, considerar como responsabilidade sua a preservação de níveis satisfatórios de emprego" (Mazzucchelli, 2009:57).

[7] Keynes atribui as origens da PPC a Ricardo: "*The explanation is to be found in the doctrine, as old in itself as Ricardo, with which Professor Cassel has later familiarized the public under the name of 'Purchasing Power Parity'*" (Keynes, 2000:87).

aumento deliberado do desemprego.[8] Como previsto por Keynes, o restabelecimento da paridade do pré-guerra pela Inglaterra foi uma desastrosa tentativa de reconstrução de uma ordem internacional perdida no passado, a terapia recessiva e a cruzada deflacionária geraram resultados pífios para a economia inglesa (Mazzucchelli, 2009). A partir desse episódio histórico, e de outros exemplos do entreguerras, a taxa de câmbio entrou definitivamente no campo da teoria econômica como elemento de ajuste alternativo à deflação de preços.

Apesar de adotar a PPC como ferramenta de análise, Keynes (2000) faz algumas ressalvas à sua aplicação. Para ele, a teoria é um truísmo se considerada apenas uma cesta de bens comercializáveis. Nesse caso, a taxa de câmbio é uma taxa de equilíbrio que reflete uma arbitragem espacial de bens e serviços consumidos internacionalmente. Contudo, ao considerar bens *non-tradables*, é natural que as taxas de câmbio desviem da PPC uma vez que o preço dessa última categoria de bens pode ter variações diferentes entre países. Desenvolvimentos teóricos posteriores mostram que diferenças na produtividade entre países podem provocar desvios permanentes na PPC, como argumentado por Samuelson (1964) e Balassa (1964).

3. ACORDO DE BRETTON WOODS E O IMPACTO DA POLÍTICA ECONÔMICA NO AJUSTE EXTERNO

O desenho institucional de Bretton Woods traz implícita a matriz teórica da PPC quando, diferentemente do padrão-ouro clássico, sustenta um regime de câmbio fixo, mas ajustável.[9] A possibilidade de ajustes nas taxas de câmbio era um reconhecimento de que os desequilíbrios externos podem surgir em função de divergências nas trajetórias de inflação e que esses não devem ser corrigidos conforme o "remédio" do antigo padrão-ouro: com políticas

---

[8] *"Deflation does not reduce wages 'automatically'. It reduces them by causing unemployment"* (Keynes, 1971b:220).

[9] "Os valores de paridade poderiam ser alterados em até 10% para corrigir um eventual 'desequilíbrio fundamental' após consulta com o Fundo [FMI], embora sem sua aprovação prévia, e em margens mais amplas com a aprovação de três quartos dos países do Fundo com direito a voto. O significado de 'desequilíbrio fundamental' ficou indefinido" (Eichengreen, 2000:136).

recessivas e deflacionárias. Adicionalmente, o consenso do pós-guerra, fortemente influenciado por Keynes, atribuía aos Estados nacionais o dever de buscar o pleno emprego e assegurar a estabilidade econômica devendo, para isso, fazer uso ativo de política econômica.

Nesse contexto, uma geração de modelos aplicados às economias abertas atende à necessidade do período de analisar os impactos das políticas econômicas sobre o ajuste externo. O ponto de partida dos mesmos são modelos de equilíbrio parcial inspirados pela condição Marshall-Lerner, que estabelece que o resultado de uma mudança da taxa de câmbio sobre o ajuste externo depende da elasticidade-preço da oferta e demanda das exportações e importações.[10] Sob influência de Keynes, o diagrama de Swam (1963)[11] é pioneiro ao trazer a ideia de que — assim como o nível de renda e emprego depende do nível de gasto — o equilíbrio da balança comercial também depende do nível de gasto. Desse modo, formalizava-se teoricamente que as políticas econômicas, quando alteram o nível de gastos da economia, também impactam a composição entre bens domésticos e bens importados e o resultado da balança comercial.

Nos anos 1960, com o advento do euromercado e o crescimento dos fluxos financeiros, os modelos passam a explorar as implicações de política econômica com mobilidade de capitais.[12] No modelo de Mundell (1960) e Fleming (1962), o equilíbrio do balanço de pagamentos depende do mercado de bens, assim como em Swan (1963), mas também do mercado monetário. Nesse modelo, a diferença entre a taxa de juros interna e externa passa a ser uma variável importante para o equilíbrio externo: em economias com plena mobilidade de capital, a taxa de juros doméstica deve ser igual à taxa inter-

---

[10] A condição Marshall-Lerner estabelece que uma depreciação cambial melhora o saldo comercial de um país quando a soma da elasticidade-preço das exportações e importações é maior do que 1, em termos absolutos. Dessa forma, uma depreciação cambial pode não ajustar uma balança comercial deficitária, quando as exportações e importações são demasiadamente inelásticas a preço; nesse caso, a depreciação pouco aumenta a quantidade exportada e pouco reduz a quantidade importada. Para uma análise crítica à abordagem das elasticidades, ver Zini (1995).

[11] Apesar de publicado em 1963, o trabalho de Swan já circulava em 1955 (Isard, 1999:96).

[12] O euromercado é o símbolo de um novo cenário financeiro internacional e da internacionalização do mercado monetário e de capitais, a partir do final da década de 1950. Esse circuito financeiro internacional tem características próprias e um alto grau de autonomia em relação aos mercados financeiros domésticos. Para uma análise sobre o surgimento desse mercado, ver Pádua Lima (1985).

nacional. Apesar de hipóteses simplificadoras, o modelo Mundell-Fleming inova ao mostrar que a efetividade das políticas monetária e fiscal depende da natureza do regime de câmbio e do grau de abertura na conta de capital. Para economias com câmbio fixo e plena mobilidade de capitais, uma política fiscal expansionista é capaz de manter o equilíbrio externo e aumentar o produto.[13]

A reação crítica ao modelo Mundell-Fleming e ao consenso keynesiano[14] veio com as abordagens monetaristas da taxa de câmbio, iniciadas por Frenkel (1976), Mussa (1976) e Frenkel e Johnson (1976). Essa abordagem explica os desequilíbrios de balanço de pagamentos em regimes de câmbio fixo — assim como os movimentos das taxas de câmbio em regimes flutuantes — pelas condições de equilíbrio entre a demanda e oferta dos estoques de moeda doméstica. Em síntese: a taxa de câmbio (assim como a inflação e o saldo em balanço de pagamentos) é um fenômeno essencialmente monetário (Mussa, 1976):[15]

> *When the demand for a particular money rises relative to the supply of that money, either the domestic credit component of the money supply must be expanded, or the exchange rate must appreciate, or the official settlements balance must go into surplus, or some combination of the three.* [Mussa, 1976:229-230]

Para Moosa e Bhatti (2010), a análise monetarista é uma versão sofisticada do modelo de David Hume, descrito na seção 1 deste capítulo, no qual o

---

[13] Uma decorrência teórica do modelo Mundell-Fleming é a "trindade impossível", ou triângulo da impossibilidade, que sugere ser impossível haver, simultaneamente, uma taxa de câmbio fixa, liberdade de capitais e uma política monetária autônoma.

[14] Para Ferrari Filho (2006), apesar de "keynesianos" os modelos de economia aberta negligenciam substancialmente as concepções teóricas de Keynes: "(a) substitui a análise de equilíbrio parcial marshaliana de Keynes pela de equilíbrio geral walrasiano (...) (b) inverte a relação causal entre investimento e poupança; e (c) desconsidera a noção histórica do tempo na teoria keynesiana, fazendo com que as decisões econômicas dos indivíduos não sejam afetadas pelas expectativas incertas acerca do futuro" (Ferrari Filho, 2006:64).

[15] Apesar de ser "essencialmente" não é "exclusivamente" um fenômeno monetário, como aponta Mussa (1976:230): *"while the exchange rate and the official settlements balance are monetary phenomena, they are not exclusively monetary phenomena. Changes in exchange rates are frequently induced by "real" factors, operating through monetary channels; and, changes in exchange rates usually have real effects which are of legitimate concern to government policy".*

estoque de moeda também é uma variável central para o equilíbrio externo. Decorre dessa abordagem que as políticas monetária e fiscal não afetam as variáveis reais, mas apenas as magnitudes nominais, ou seja, o aumento da demanda resultante de políticas econômicas é instantaneamente neutralizado por uma inflação de preços. *Grosso modo*, a política monetária é constrangida pela inflação de preços e a política fiscal pelo *crowding out*.

Entre as proposições dos modelos monetaristas para câmbio flexível está a paridade descoberta da taxa de juros. Essa pressupõe perfeita mobilidade de capitais e que ativos em diferentes moedas são substitutos perfeitos. Com isso, postula-se que os investidores são indiferentes entre carregar ativos em moeda doméstica ou estrangeira, uma vez que o mercado traz ao equilíbrio o retorno de ativos semelhantes nas diferentes moedas do sistema. Com essas hipóteses, a teoria da paridade descoberta estabeleceu-se como base das teorias de câmbio que utilizam as expectativas racionais como pressuposto. Dada sua importância para a discussão de taxa de câmbio, a equação da paridade descoberta será retomada no capítulo 3.

4. FLUTUAÇÃO CAMBIAL E O DEBATE SOBRE A ESPECULAÇÃO ESTABILIZADORA

Outro pilar do arranjo monetário de Bretton Woods é o estabelecimento de amplos controles sobre fluxos financeiros. Esse arranjo foi influenciado pela traumática experiência de flutuação cambial do entreguerras, sintetizada no livro de Nurkse para a Liga das Nações (League of Nations, 1944).[16] Esse livro, de grande repercussão no debate político-econômico da época, condena enfaticamente a combinação entre livre flutuação cambial e liberdade de fluxos financeiros. Como exemplo, Nurkse usa a experiência francesa, dos anos 1919 a 1926, quando a completa liberdade de flutuação cambial resultou em um colapso do sistema monetário por meio de um processo hiperinflacionário (League of Nations, 1944:117).[17] Segundo o autor, os movimentos espe-

---

[16] Consta que Nurkse escreveu oito dos nove capítulos desse livro, inclusive a parte sobre a flutuação cambial, no entreguerras ao qual se faz referência. Sobre a elaboração desse livro, ver Kukk (2004).

[17] A experiência francesa desse período talvez seja o exemplo histórico que mais se aproxime de um regime de flutuação pura. Segundo Nurkse (League of Nations, 1944:117), o

culativos eram a principal causa da inflação do período. Os especuladores antecipavam as depreciações gerando fugas de capital, que alimentavam novas rodadas especulativas e, assim, formavam uma espiral de depreciação cambial e inflação.[18] Dessa forma, Nurkse põe em debate o caráter desestabilizador dos fluxos de capital sobre a taxa de câmbio, a influência de fatores psicológicos e o caráter autorreferencial da especulação.

O trabalho de Nurkse estimulou um intenso debate nos anos 1950 e 1960. Para Friedman (1974), defensor de um sistema de taxas de câmbio flexíveis, as evidências oferecidas por Nurkse para o período entreguerras são inadequadas para sua conclusão.[19] Para ele, a especulação nesse período apenas antecipou as mudanças nos fundamentos (*underlying forces*) que, por si só, promoveriam a volatilidade cambial. Os argumentos de Friedman o levam a sugerir o conceito de especulação estabilizadora. Nas palavras do autor:

> *Despite the prevailing opinion to the contrary, I am very dubious that in fact speculation in foreign exchange would be destabilizing. Evidence from the earlier experiences of fluctuation in Switzerland, Tangiers, and elsewhere seems to suggest that, in general, speculation is stabilizing rather than the reverse, though the evidence has not yet been analyzed in sufficient detail to establish this conclusion with any evidence.* [Friedman, 1974:175]

A defesa de Friedman da especulação se assentava em bases extremamente simples: a especulação deve ser estabilizadora para ser lucrativa uma vez que o especulador é aquele que compra quando o preço está baixo e vende quando o preço está alto, evitando desvios do preço de equilíbrio. Dessa forma, *ceteris paribus*, a especulação reduz a frequência e a amplitude

---

mercado de câmbio operava sem nenhum tipo de intervenção do Banco Central francês, com a exceção de um episódio em 1924.

[18] A experiência francesa dos anos 1920, de extrema irracionalidade dos agentes e instabilidade cambial, motivou a "teoria psicológica da taxa de câmbio", de Aftalion (1927), que desdobra a PPC agregando a ela aspectos qualitativos dos "impulsos" de especuladores.

[19] *"Nurkse concludes from interwar experience that speculation can be expected in general to be destabilizing. However, the evidence he cites is by itself inadequate to justify any conclusion. [...] It is a sorry reflection on the scientific basis for generally held economic beliefs that Nurkse's analysis is so often cited as 'the' basis or the 'proof' of the belief in destabilizing speculation"* (Friedman, 1974:176).

das flutuações de preços. Por outro lado, a especulação é desestabilizadora apenas se os especuladores estiverem perdendo dinheiro, já que para isso eles devem, na média, comprar quando o preço está alto e vender quando o preço está baixo (Friedman, 1974). Nesse sentido, Friedman recupera elementos da análise de David Hume, como a tendência inequívoca ao equilíbrio, e antecipa a hipótese dos mercados eficientes presente nos modelos novo-clássicos.

Para Baumol (1957), os argumentos de Friedman pressupõem uma visão estática do mercado. Para ele, a) os especuladores sabem que não podem prever o futuro com precisão e b) os fundamentos movem a taxa de câmbio de maneira cíclica. Com isso, em face da incerteza sobre a reversão do ciclo, os especuladores podem forçar a amplitude do ciclo para obter mais ganhos.

A despeito das críticas, as ideias de Friedman se mostraram extremamente atraentes ao longo da década de 1960 e início dos anos 1970, na medida em que aumentavam os desequilíbrios na economia internacional e falhavam as tentativas oficiais de solucionar o problema. O contexto histórico era de desconfiança em relação ao dólar como moeda-chave, e de recorrentes acordos internacionais para salvar o sistema internacional de um colapso monetário.[20]

Nesse contexto, na visão de Friedman e de seus seguidores, os movimentos especulativos advindos do *euromercado* se apresentavam como a opção de ajuste do sistema para correção dos desequilíbrios e substituição do rígido padrão-ouro vigente por um sistema de taxas de câmbio flexível. Ademais, esse sistema funcionaria com estabilidade e as mudanças nas taxas de câmbio ocorreriam de forma contínua para corrigir pequenas distorções antes do acúmulo de tensões e do desenvolvimento de crises. Nesse sentido, a análise de Friedman se apresentou como "solução" para os problemas que o sistema de Bretton Woods enfrentava.[21]

---

[20] No Gold Pool, por exemplo, instituído em 1961, a Grã-Bretanha, Suíça e os países membros da Comunidade Econômica Europeia (CEE) se comprometiam a não converter seus dólares em ouro (Eichengreen, 2000:168-169). Esse foi um dos esforços de cooperação que visavam aliviar a pressão sobre a paridade dólar-ouro.

[21] Na defesa do câmbio flexível, Friedman (1974) usa o "horário de verão" como metáfora para o ajustamento da taxa de câmbio. Segundo ele, é muito mais fácil mudar o horário do que todas as pessoas individualmente adaptarem sua rotina às condições de luz do dia, da mesma forma como é mais fácil alterar a taxa de câmbio do que a estrutura de preços internos de uma economia.

A transição para o câmbio flutuante depois do colapso do Sistema de Bretton Woods foi um "salto no escuro" e poucos previam tamanho grau de instabilidade cambial entre as principais moedas do sistema (Eichengreen, 2000:187).[22] Nos anos que se seguiram ao fim dos regimes de câmbio fixo, a volatilidade cambial tinha magnitude similar aos índices de bolsa, incompatível com as mudanças nos fundamentos econômicos como o crescimento da base monetária ou da renda (Mark, 2008:87). Nesse conturbado contexto onde os movimentos especulativos nos mercados de moedas eram evidentes e incontestáveis, o debate sobre a determinação das taxas de câmbio e sobre a natureza estabilizadora/desestabilizadora da especulação ganha novos contornos.

Ironicamente, o desenvolvimento teórico da especulação desestabilizadora ganhou corpo por meio da teoria das expectativas racionais, que em sua origem mostrava a inevitabilidade da especulação estabilizadora. O modelo de Dornbusch (1976) é um dos primeiros a tentar compatibilizar as grandes flutuações cambiais do período com a formação das expectativas racionais. Esse modelo explica os desalinhamentos temporários da taxa de câmbio, denominados por Dornbusch de *overshooting*, pela diferença de velocidade de ajustamento entre o mercado monetário e o mercado de bens diante de uma expansão monetária. No curtíssimo prazo, o ajuste ocorre no mercado monetário, onde a expansão monetária provoca imediatamente uma queda na taxa de juros e uma depreciação cambial (*overshooting*). Já no prazo "intermediário" se espera que as baixas taxas de juros e a depreciação cambial — que melhora o preço relativo dos produtos domésticos — causem um excesso de demanda no mercado de bens que dá origem a um ajuste inflacionário que, por seu turno, aumenta as taxas de juros nominais e aprecia a taxa de câmbio (Dornbusch, 1976).

Para Krause (1991), a importância do estudo de Dornbusch consiste em mostrar que, mesmo com pressupostos pró-mercado, a especulação desestabilizadora é teoricamente possível.[23] Nessa passagem, Hart e Kreps (1986)

---

[22]   O próprio Friedman, em entrevista a Snowdon e Vane (2005), reconhece que a volatilidade das taxas de câmbio pós-Bretton Woods foi muito maior do que ele esperava. No entanto, ele atribui a causa da volatilidade à instabilidade de preços do período e reitera que não houve exemplos de especulação desestabilizadora.

[23]   Um desdobramento interessante desse tema é a ideia de bolhas racionais desenvolvidas por Blanchard e Watson (1982). Esses autores reconhecem os elementos de irracionalidade no mercado, mas a título metodológico preferem tratar apenas dos elementos racionais da formação de bolhas: *"Some may object to our dealing with rational bubbles*

usam argumentos tão simples quanto os de Friedman para apontar com precisão um dos problemas da construção teórica desse:

It is sometimes asserted that rational speculative activity must result in more stable prices because speculators buy when prices are low and sell when they are high. This is incorrect. Speculators buy when the chances of price appreciation are high, selling when the chances are low. [Hart e Kreps, 1986:927]

Ao longo desse debate tornou-se claro que a validade da proposição da especulação estabilizadora é restrita a um modelo ideal onde devem ser contemplados três pressupostos: (1) o equilíbrio deve ser único, (2) os agentes devem ter informações suficientes para reconhecer a taxa de equilíbrio, (3) os agentes devem acreditar que a taxa atual vai inevitavelmente ajustar para o equilíbrio (Krause, 1991:45).[24]

Nos anos 1980, além da volatilidade característica da década anterior, verificaram-se desalinhamentos ainda mais profundos entre as principais moedas do sistema. A expressiva apreciação do dólar na primeira metade da década de 1980 resultou na reunião secreta do Plaza Hotel, em setembro de 1985, onde os presidentes dos bancos centrais do G-5 concordaram na "valorização ordeira das outras moedas em relação ao dólar".[25] Esse acordo realizou-se às pressas enquanto o Congresso americano ameaçava votar medidas de protecionismo comercial diante das distorções provocadas pelo câmbio. O presidente Reagan, com o intuito de proteger sua agenda de liberalização e desregulamentação, subscreve esse acordo que estipula fortes intervenções dos bancos centrais nos mercados de câmbio.

Para Funabashi (1988), a estratégia de Plaza foi a manifestação política da decisão da administração Reagan de sucumbir à realidade e modificar a política de "*hands-off*" que caracterizava o governo. No dia seguinte do acor-

---

only. There is little question that most large historical bubbles have elements of irrationality (Kindleberger [...] gives a fascinating description of many historical bubbles). Our justification is the standard one: it is hard to analyze rational bubbles. It would be much harder to deal with irrational bubbles" (Blanchard e Watson, 1982). O texto referido pelos autores é Kindleberger (1996).

[24] Segundo Kindleberger (1996:31), Friedman certa vez reconheceu que a especulação estabilizadora é uma "possibilidade teórica" e não uma regra geral.

[25] Segundo Eichengreen (2000:198), essa foi uma maneira prosaica de que se valeram os políticos para se referir à desvalorização do dólar.

TAXA DE CÂMBIO E POLÍTICA CAMBIAL NO BRASIL

do, o dólar depreciou abruptamente e, em menos de um ano após o acordo, o dólar já havia desvalorizado em 40% em relação ao iene. Com a percepção de que o processo havia ido longe demais, o acordo do Louvre, entre os ministros das finanças do G-7, discutiu novos ajustes nas taxas de câmbio (Eichengreen, 2000).[26]

Com base nesse contexto histórico, Krause (1991) propõe a tese dos "ciclos políticos da taxa de câmbio" que se desenvolve em três fases. Na primeira fase do ciclo, grandes choques no sistema monetário internacional, ao afetar as expectativas dos agentes, criam os fundamentos para uma *currency bubble*". Em seguida, essas expectativas induzem uma especulação unilateral que magnifica o impacto do choque inicial e transforma a bolha em um processo retroalimentável que distancia a moeda de seus fundamentos. Na terceira fase, quando as bolhas começam a ameaçar a estabilidade do sistema internacional baseado no dólar, se forma uma aliança temporária entre os principais bancos centrais para atacar o problema.[27]

5. A ABERTURA FINANCEIRA E OS MODELOS DE CRISES CAMBIAIS

Com o advento da liberalização financeira e o crescimento do mercado internacional de moedas, as teorias tradicionais sobre a taxa de câmbio tornaram-se cada vez mais incapazes de retratar o mundo real. A impertinência empírica de modelos de taxa de câmbio da década de 1970 é ressaltada em Meese e Rogoff (1983), que apresentam um modelo de passeio aleatório com melhor capacidade preditiva do que os modelos em questão.[28] Diante disso, uma grande variedade de modelos foi criada nas décadas de 1980 e 1990 para

---

[26] O livro de Funabashi (1988) é referência sobre a administração do dólar no período compreendido entre os acordos do Plaza e do Louvre. Sobre a queda livre do dólar no período seguinte ao acordo de Plaza, o presidente do Bundesbank, Karl Otto Pöhl, pronunciou a seguinte frase: *"its hard to trigger an avalanche, but once it starts, it is much harder to stop"* (Funabashi, 1988:25).

[27] Os capítulos 4 e 5 deste livro corroboram as análises de que a especulação financeira tende a reforçar tendências e criar desequilíbrios nos mercados de câmbio. Sobre a natureza instável do capitalismo e da atividade financeira, ver também Aglietta e Berrebi (2007) e Belluzzo (2009).

[28] Entre os modelos analisados por Meese e Rogoff (1983) estão os já citados modelos de Frenkel (1976) e Dornbush (1976).

atender as especificidades de crises cambiais de diversas naturezas como a crise da dívida dos países latino-americanos, crises no sistema monetário europeu em 1992-93 e a crise nos emergentes na década de 1990.

Destacam-se nessa literatura três gerações de modelos de crises cambiais, analisadas em detalhe em Prates (2002) e Vasconcelos (1998). A primeira geração, que tem o artigo de Krugman (1979) como pioneiro, atribui à inconsistência das políticas econômicas a explicação para as crises em regimes de câmbio fixo. Desse modo, as crises ocorrem quando os especuladores testam os governos que sustentam "maus fundamentos" — como déficits externos e reservas cambiais insuficientes — e terminam por antecipar uma desvalorização inevitável. Nos modelos de primeira geração, a ênfase nas inconsistências de política econômica tem como contraparte a defesa da liberdade de movimento de capitais. Para Vasconcelos (1998:12), essa interpretação é embebida por uma "visão ideológica, na atualidade predominante, que considera a intervenção estatal desvirtuadora das forças de livre mercado maximizadoras da eficiência econômica".

Em 1992, a crise do franco mostrou a inadaptação dos modelos de crise cambial de primeira geração. O ataque especulativo contra o franco ocorreu a despeito de um saldo positivo em transações correntes do país emissor da moeda, de uma inflação mais baixa do que na Alemanha e uma taxa de câmbio em um nível relativamente depreciado em relação ao marco alemão (Plihon, 2001). Com isso, surge uma nova geração de modelos, inspirados fortemente em Obstfeld (1986) e no conceito de crises cambiais autorrealizáveis:

Crises may indeed be purely self-fulfilling events rather than the inevitable result of unsustainable macroeconomic policies. Such crises are apparently unnecessary and colapse an exchange rate that would otherwise have been viable. They reflect not irrational private behavior, but an indeterminacy of equilibrium that may arise when agents expect a speculative attack to cause a sharp change in government macroeconomic policies. [Obstfeld, 1986:72]

Já a terceira geração de modelos de crise cambial atende ao contexto histórico das crises dos países emergentes nos anos 1990. Esses modelos fazem a síntese das duas gerações anteriores atribuindo importância aos fundamentos e ao caráter imprevisível dos ataques especulativos (Plihon, 2001:69). Para Krugman (1998), os fundamentos relevantes para o entendimento da crise asiática não são aqueles levantados nos modelos tradicionais (inclusive o de sua autoria em 1979) como a política monetária e fiscal, saldo em transações correntes, mas sim a saúde do sistema de intermediação financeira. Para ele, o pânico especulativo que desencadeou a crise cambial na Ásia é decorrente de um contexto de crise mais amplo, onde a crise bancária é protagonista.[29]

6. DESENVOLVIMENTO RECENTE DAS TEORIAS SOBRE A TAXA DE CÂMBIO

O desenvolvimento recente das teorias de taxa de câmbio é marcado pelo reconhecido fracasso do paradigma do agente racional representativo como pilar dos modelos cambiais. Uma primeira reação a essas evidências é, paradoxalmente, o aprofundamento dos fundamentos micro e macro dos modelos dentro do mesmo paradigma. Uma segunda reação, mais interessante, é o surgimento de interpretações alternativas acerca das taxas de câmbio; entre elas estão as abordagens microestrutural (*microstructural*) e comportamental *(behaviorista)*.

A abordagem microestrutural da taxa de câmbio propõe como ponto de partida um enfoque microeconômico. Evans e Lyons (2001), na busca por "eficiência preditiva", elaboram um modelo onde o *fluxo de ordem* é o principal determinante da taxa de câmbio. Essa variável consiste, estatisticamente, nas iniciativas de compra menos as iniciativas de venda no mercado de câmbio e pode ser considerada uma medida da pressão compradora/vendedora nesse mercado.[30] Apesar de resultados empíricos satisfatórios, essa literatura não dá conta de explicar os reais motivos das variações do câmbio:

---

[29] *"Of course Asian economies did experience currency crises, and the usual channels of speculation were operative here as always. However, the currency crises were only part of a broader financial crisis, which had very little to do with currencies or even monetary issues per se. Nor did the crisis have much to do with traditional fiscal issues. Instead, to make sense of what went wrong we need to focus on two issues normally neglected in currency crisis analysis: the role of financial intermediaries (and of the moral hazard associated with such intermediaries when they are poorly regulated), and the prices of real assets such as capital and land."* (Krugman, 1998)

[30] *"Order flow is a measure of buying/selling pressure. It is the net of buyer-initiated orders and seller-initiated orders. In a dealer market such as spot foreign exchange, it is the*

It is presumably true, indeed it is surely almost tautologically true, that exchange rate changes follow order flows, but if the orders are not exogenous then it is what determines the willingness to place orders that are the real determinants of exchange rates. This is what is analyzed in the standard literature. [Willianson, 2008:3]

Contudo, parte da literatura microestrutural põe ênfase nos fatores desprezados nas abordagens tradicionais como a transmissão de informação entre os agentes, a heterogeneidade de suas expectativas, a identificação das posições especulativas e suas implicações para a volatilidade da taxa de câmbio (Sarno e Taylor, 2001).

Por fim, a abordagem comportamental da taxa de câmbio tem como base a negação dos agentes racionais representativos. Para essa, os agentes têm dificuldade em coletar e processar as complexas informações com as quais eles são confrontados e, por isso, usam regras simples para guiar seu comportamento. Periodicamente, essas regras são reavaliadas fazendo com que algumas sobrevivam e outras desapareçam, não pela irracionalidade dos agentes, mas pela complexidade do mundo em que vivem (De Grauwe e Grimalde, 2006). Essa pressuposição é observável na estratégia grafista (ou de análise técnica) usada pelos operadores do mercado de câmbio de forma difundida, que será retomada no capítulo 4.[31] O resultado é um mercado ineficiente onde o descolamento entre a taxa de câmbio e os fundamentos é um fenômeno recorrente.[32]

Há pontes possíveis entre a abordagem comportamental e algumas interpretações pós-keynesianas da taxa de câmbio. Harvey (2009) recupera a discussão keynesiana sobre convenções, incerteza e preferência pela liquidez e constrói um modelo teórico onde a taxa de câmbio é guiada por expectativas e pela especulação. Segundo ele, mesmo no longo prazo, não há ten-

---

dealers who absorb this order flow, and they are compensated for doing so" (Evans e Lyons, 2001:167).

[31] *"Most firms that actively trade foreign exchange use chartist models —not necessarily exclusively, though some seem to do that, but they are certainly among the tools routinely employed."* (Willianson, 2008:10)

[32] No modelo de De Grauwe e Grimalde (2006), as informações sobre mudanças nos fundamentos têm um papel imprevisível sobre a taxa de câmbio. Há períodos em que as notícias têm impacto sobre o mercado e outros em que não há nenhum.

dência a um equilíbrio determinado pelos fundamentos. Da mesma forma, Schulmeister (2009) argumenta que a atividade especulativa e o sentimento altista (touro) ou baixista (urso) do mercado geram tendências de curto prazo que acumuladas resultam em tendências de longo prazo. Para o autor, as tendências observadas na precificação das moedas representam uma fonte de lucro para agentes que usam modelos técnicos não baseados em fundamentos.[33] Enquanto houver um consenso na direção — que pode ser guiada por um mercado touro ou urso —, a especulação se reforça e gera ganhos para os agentes financeiros justamente porque funciona como uma profecia autorrealizável.

RESUMO E CONCLUSÕES

- A Paridade do Poder de Compra (PPC), elaborada por Gustav Cassel (1918), surge no contexto histórico da Primeira Guerra Mundial quando as divergências entre as taxas de inflação nos países centrais impõem desafios para o reestabelecimento da paridade de moedas nacionais com o padrão-ouro.
- Apesar de adotar a PPC como ferramenta de análises, Keynes (2000) faz algumas ressalvas à sua aplicação. Para ele, a teoria é um truísmo se considerada apenas uma cesta de bens *tradable*.
- O consenso do pós-Segunda Guerra Mundial atribuía aos Estados nacionais o dever de buscar o pleno emprego e assegurar a estabilidade econômica devendo, para isso, fazer uso ativo de política econômica. Nesse contexto, o modelo Mundell-Fleming inova ao mostrar que a efetividade das políticas monetária e fiscal depende da natureza do regime de câmbio e do grau de abertura na conta de capital.
- A reação crítica ao modelo Mundell-Fleming e ao consenso keynesiano veio com as abordagens monetaristas da taxa de câmbio que enxerga o movimento cambial como um fenômeno essencialmente monetário

---

[33] Analisando a taxa de câmbio euro-dolar, Schumeister (2009) mostra como é possível obter ganhos médios de 8% ao ano por meio de modelos técnicos que desconsideram os fundamentos.

decorrente das condições de equilíbrio entre a demanda e a oferta dos estoques de moeda.

- Para Friedman, a especulação cambial deve ser estabilizadora para ser lucrativa, uma vez que o especulador é aquele que compra quando o preço está baixo e vende quando o preço está alto, evitando desvios do preço de equilíbrio.

- Para Baumol, os argumentos de Friedman pressupõem uma visão estática do mercado, uma vez que i) os especuladores sabem que não podem prever o futuro com precisão e ii) os fundamentos movem a taxa de câmbio de maneira cíclica. Com isso, diante da incerteza sobre a reversão do ciclo, os especuladores podem forçar a amplitude do ciclo para obter mais ganhos.

- Uma grande variedade de modelos foi criada nas décadas de 1980 e 1990 para atender as especificidades de crises cambiais de diversas naturezas como a crise da dívida dos países latino-americanos, crises no sistema monetário europeu em 1992-93 e a crise nos emergentes na década de 1990.

- A abordagem microestrutural da taxa de câmbio propõe como ponto de partida um enfoque microeconômico onde o *fluxo de ordem* é o principal determinante da taxa de câmbio.

- A abordagem comportamental da taxa de câmbio tem como base a negação dos agentes racionais representativos e o pressuposto de que os operadores do mercado de câmbio usam regras simples para guiar seu comportamento.

- Para Schulmeister (2009), a atividade especulativa e o sentimento altista (touro) ou baixista (urso) do mercado geram tendências de curto prazo que acumuladas resultam em tendências de longo prazo. Enquanto houver um consenso na direção, a especulação se reforça e gera ganhos para os agentes financeiros justamente porque funciona como uma profecia autorrealizável.

CAPÍTULO 3

CARRY TRADE E AS PARIDADES COBERTA E DESCOBERTA

Na última década, o termo *carry trade* se difundiu nos meios acadêmicos e no debate político. Essa estratégia de investimento tem sido apontada como responsável por distorções de mercado que desviam as trajetórias das taxas de câmbio dos fundamentos econômicos. Entretanto, o *carry trade* aparece na literatura com definições variadas, evidenciando a carência de um rigor conceitual e de uma caracterização teórica mais substantiva. Este capítulo procura contribuir para reduzir essa lacuna e explorar com detalhes esse tema que será retomado ao longo do livro. Em particular, busca-se caracterizar o *carry trade* como uma operação especulativa diferenciando-o de uma operação de arbitragem com juros no plano internacional. E, para isso, recorre-se às equações das paridades coberta e descoberta da taxa de juros.

1. O *CARRY TRADE* NA LITERATURA ECONÔMICA

O *carry trade*, conforme definido, não é um fenômeno novo, como aponta Eichengreen: "*It had of course been the same carry trade that contributed to the unstable equilibrium of the late 1920s, as investors funded themselves at 3 per cent in New York and Paris in order to lend to Germany at 6 or 8 per cent.*" [Eichengreen, 2008:8]

No entanto, a utilização desse termo é relativamente nova, assim como o estudo dessa estratégia financeira. De início, o termo *carry trade* era utilizado nos meios financeiros para definir uma situação de especulação com ativos de diferentes prazos de maturidade, mas denominados na mesma moeda.[34]

---

[34] Nessa passagem Ehrbar (1994) descreve uma situação de ganhos de arbitragem ao longo da curva de juros no mercado de títulos americano: "*At the time, the federal funds rate was*

Na década de 1990, difundiu-se o uso do termo para caracterizar a estratégia de investimento intermoedas: o *"currency carry trade"*. Durante a crise asiática de 1997, quando o dólar e, principalmente, o iene serviram como *funding* para bolhas de investimentos no sudeste asiático, o termo passa a ter uma maior relevância. Autoridades monetárias asiáticas advertiram para os riscos desse tipo de operação e mesmo o FMI usou o termo para explicar a crise: *"Large private capital flows to emerging markets, including the so-called 'carry trade,' were driven, to an important degree, by these phenomena and by an imprudent search for high yields by international investors without due regard to potential risks"* (Fischer, 1998).

A imprensa financeira também incorporou o termo na cobertura da crise, como exemplifica essa passagem extraída do *Financial Times*:

> *For years, because of rock-bottom interest rates in Japan and low rates in the United States, banks, investment houses and insurers had borrowed in yen and dollars and put the proceeds into short-term notes in Southeast Asia that were paying far higher rates. These are the carry trades.* (Fuerbringer, 1997)

Até onde se tem conhecimento, o *carry trade* passa a figurar na literatura acadêmica a partir de 1998. Alguns autores usaram o termo na descrição da crise asiática, como Eichengreen e Mody (1998), Goldstein (1998) e Bird e Rajan (2002); outros, como Morris e Shin (1999), destacam o papel de *Hedge Funds* e bancos de investimento nas operações de *carry trade*, e Cai et al. (2001) analisam o impacto do *carry trade* na volatilidade da moeda japonesa em 1998. Ademais, em 1998, o BIS publica um relatório com um quadro explicativo sobre as estratégias de *carry trade*, que dá início a uma série de estudos dessa instituição sobre o tema (BIS, 1998).

Já na primeira década do século XXI passa a ser comum o uso de referências ao já "famoso *carry trade*", e o termo se difunde em vários círculos do debate acadêmico. A título metodológico, pode-se separar a literatura sobre

---

even higher than the long-term bond rate of 8%. But by the end of 1992 the federal funds rate had been brought all the way down to 3%, while long bonds were still yielding more than 7.5%. The wide spread effectively created an easy opportunity for banks, securities dealers, hedge funds, and wealthy individuals to profit by borrowing short-term funds and buying longer-term securities. This practice has come to be known as the carry trade. The term "carry" refers to the spread between what an investor pays for short-term borrowings and what he collects on longer-term assets".

o *carry trade* em dois grupos: o primeiro explora o *carry trade* com a preocupação de avaliar empiricamente a validade da teoria da paridade descoberta dos juros e o segundo tem como objetivo avaliar os efeitos do *carry trade* sobre os desalinhamentos cambiais e os desequilíbrios globais.

Há uma enorme literatura, que busca explicar a ineficácia dos modelos de previsão de trajetórias cambiais. Nessa literatura, o *carry trade* foi incorporado por um subgrupo de estudos que consideram os retornos dessa estratégia de investimento como uma violação da equação da paridade descoberta dos juros (UIP).[35] Esse fenômeno foi batizado por essa literatura por *forward premium puzzle* e refere-se ao fato da relação entre a taxa a termo (negociada nos mercados de derivativos) e a taxa *spot* não indicar corretamente a direção do movimento cambial futuro. Ou seja, a taxa de câmbio negociada nos mercados futuros não é o melhor indicador do câmbio "no futuro" e muitas vezes aponta na direção contrária da tendência cambial. Como mostram Sarno e Taylor (2006), boa parte dessa literatura procura vincular essa falha à ineficiência dos mercados.

De uma forma geral, esse primeiro grupo da literatura tem como preocupação central resolver um quebra-cabeça teórico, renegar ou reafirmar a UIP, apontar onde estão as falhas de mercado e até onde os fundamentos são relevantes para explicar trajetórias cambiais. Alimentando a importância desse debate está o fato de a UIP ser usada como premissa por muitos modelos macroeconômicos de equilíbrio geral, como os modelos monetaristas e novo-clássicos:

> *UIP is a central feature of virtually all linearized general-equilibrium open-economy models. Model builders tend to respond to the sharp statistical failure of UIP in one of two ways. The first response is to ignore the problem. The second response is to add a shock to the UIP equation. This shock is often referred to as a "risk premium" shock.* [Burnside et al., 2006:1-2]

O segundo grupo da literatura é constituído pelos trabalhos que apontam o *carry trade* como uma das causas dos desequilíbrios macroeconômicos, como a formação de reservas, os desequilíbrios em conta-corrente e as distorções de taxas de câmbio. Trabalhos do BIS mostram evidências do *carry*

---

[35] A relação entre o *carry trade* e a UIP será desenvolvida mais à frente.

trade nos fluxos bancários, apontam moedas que originam a operação (moedas *funding*) e os destinos preferidos da operação (moedas *target*) (Galati e Melvin, 2004; Galati, Healt e McGuire, 2007; Gyntelberg e Remolona, 2007). A Unctad é outra instituição que aborda a problemática do *carry trade* em seus documentos, onde aponta essa estratégia de especulação como uma das causas de desequilíbrios em nível global, em trabalhos como os de Flassbeck e La Marca (2007) e Unctad (2007 e 2010):

> *Flows moving from low-yielding, low-inflation countries to high-yielding, high-inflation countries would cause the currencies of the latter to appreciate, and provoke the paradoxical and dangerous combination of surplus economies experiencing pressures to depreciate, and deficit countries facing a similar pressure to appreciate.* [Flassbeck e La Marca, 2007:7]

2. ACERCA DA DEFINIÇÃO DE *CARRY TRADE*

O *carry trade* é frequentemente definido como uma operação alavancada onde se toma um empréstimo na moeda *funding*, associada a juros baixos, e se aplica em um ativo denominado em uma moeda *target*, associada a altas taxas de juros.[36] Nessa perspectiva, o *carry trade* pode ser identificado na contabilidade bancária internacional e resulta em um fluxo financeiro que consta no balanço de pagamento dos países envolvidos. No entanto, essa é uma definição parcial e limitada, uma vez que o *carry trade* pode ser um fenômeno bancário, associado a um fluxo financeiro, mas também uma aposta com derivativos.

Dito isso, define-se aqui o *carry trade* como uma estratégia financeira que busca usufruir o diferencial de juros entre duas moedas, onde se assume um passivo ou uma posição vendida na moeda de baixos juros e, simultaneamente, um ativo ou uma posição comprada na moeda de altos juros.[37] Uma

---

[36] Um exemplo desse tipo de definição está em Unctad (2007:15): "'*Carry trade*' has become a catchphrase to define the specific financial operation of borrowing and selling a low-yielding currency to buy and lend in a high-yielding currency".

[37] Essa definição também se encontra em Jordà e Taylor (2009), Gagnon e Chaboud (2007) e Burnside et al. (2006). Alguns autores consideram uma definição mais ampla de *carry trade* na qual a operação prescinde de uma alavancagem do agente e da aplicação

distinção relevante é a apontada por Gagnon e Chaboud (2007), que dividem o *carry trade* em duas categorias: *"canonical carry trade"* e *"derivatives carry trade"*. No primeiro caso, a posição de *carry trade* é montada tomando empréstimos em uma moeda e aplicando em ativos denominados em outra, enquanto no segundo, pela formação de posição vendida na moeda de baixos juros e comprada na moeda de altos juros, no mercado de derivativos. Em particular, o segundo caso mostra-se extremamente relevante para a economia brasileira e condiciona o uso das políticas cambiais, conforme será desenvolvido ao longo deste livro.

Nesses termos, o *carry trade* é motivado por diferenciais de juros, mas o ganho final depende do comportamento da taxa de câmbio entre as duas moedas da estratégia. Ele não constitui, portanto, uma operação de arbitragem, mas sim uma operação especulativa, uma vez que a variação cambial não é conhecida *ex-ante*. *"The 'carry trade', involves borrowing low-interest-rate currencies and lending high-interest-rate currencies, without hedging the exchange rate risk"* (Burnside et al., 2006:5).

Com outras palavras, o investidor pode optar entre carregar um ativo em uma moeda estrangeira que rende juros, com cobertura cambial, ou deixar sua posição descoberta e, portanto, exposta à variação cambial. No primeiro caso, trata-se de uma arbitragem com taxas de juros e, no segundo, do *carry trade*. O ganho do investidor coberto que arbitra com as taxas de juros está associado às distorções da paridade coberta da taxa de juros. Já o ganho do especulador, que usa o *carry trade* como instrumento, só existirá se a paridade descoberta não se sustentar. Essas duas formas de ganho serão descritas a seguir.

3. PARIDADE COBERTA, ARBITRAGEM E A FORMAÇÃO DOS PREÇOS FUTUROS

A arbitragem é uma estratégia que tem como objetivo um ganho com desequilíbrio de preços de determinado ativo em diferentes mercados ou di-

---

em ativos que rendem juros: *"Indeed, a useful, still broader definition of the carry trade would cover any investment strategy that involved shifting out of low-interest-rate assets and into anything else — emerging market debt, equities, real estate, commodities, and the like"* (Frankel, 2008:38). A abrangência dessa definição pode descrever o comportamento de praticamente qualquer agente procurando maximizar retornos no plano internacional.

ferentes temporalidades e, por definição, é uma operação que busca ganhos livre de risco de preço. No caso da arbitragem de juros internacional, a estratégia passa pela neutralização do risco cambial entre as moedas por meio de contratos de *hedge* cambial. Por sua vez, o custo do *hedge* depende da taxa de câmbio no mercado a termo.

A equação da paridade coberta de juros (*CIP*), desenvolvida pioneiramente por Keynes (2000),[38] estabelece a igualdade que neutraliza a arbitragem com juros no plano internacional.[39] Ela é uma equação de referência para formação dos preços a termo no mercado de derivativos. Nesse sentido, a *CIP* propõe uma relação entre variáveis conhecidas no presente. São elas: a taxa de câmbio *spot* (e_s), a taxa de câmbio no mercado a termo (e_f) e as taxas de juros internacional e doméstica i^* e i^d.

$$e_f / e_s = (1 + i^d) / (1 + i^*)$$

Como todas as variáveis são conhecidas no presente — logo não dependem de expectativas —, a arbitragem entre as taxas *spot* e a termo tende a garantir a paridade, uma vez que o investidor pode identificar oportunidades de lucro livre de riscos de variação de preço. Com algumas adaptações matemáticas,[40] tem-se a condição de arbitragem livre de risco, onde o diferencial de juros deve ser equivalente à diferença percentual entre a taxa de câmbio a termo e a taxa de câmbio *spot*:

$$(e_f - e_s) / e_s = i^d - i^*$$

---

[38]   As atenções de Keynes estavam voltadas para o rápido crescimento dos mercados de derivativos de câmbio depois da Primeira Guerra Mundial. Sua análise visava o entendimento desse mercado e da formação de preços no mercado de Londres.

[39]   Há uma interpretação alternativa, denominada visão cambista, que nega a arbitragem como elemento que equilibra a paridade coberta e afirma que a taxa de câmbio a termo é determinada diretamente pelo custo incorrido por instituições financeiras para entrega futura de divisas a seus clientes. Sobre essa, ver Cieplinski, Braga e Summa (2014).

[40]   Manipulando a equação $(1 + i^d) = (1 + i^*) (e_f / e_s)$, chega-se à expressão: $[(1 + i^d) / (1 + i^*)] - 1 = [(e_f - e_s) / e_s)]$. Matematicamente pode-se demonstrar que: $i^d - i^* \approx [(e_f - e_s) / e_s)]$, para pequenos valores de i. No mercado financeiro é mais frequente o uso da equação: $\ln e_f - \ln e_s = \ln (1 + i^d) - \ln (1 + i^*)$.

CARRY TRADE E AS PARIDADES COBERTA E DESCOBERTA

Como exemplo, se o diferencial de juros for de 10% ao ano, a diferença percentual entre a taxa de câmbio a termo, para o prazo de um ano, e a taxa de câmbio à vista também deve ser de 10%. Um desequilíbrio nessa relação cria oportunidade para um ganho de arbitragem cuja dedução da fórmula está no anexo desse capítulo. No capítulo 7, essa equação será retomada para discutir a dinâmica do mercado futuro brasileiro e o cupom cambial.

4. PARIDADE DESCOBERTA E O *CARRY TRADE*

A condição da paridade descoberta postula que os mercados equilibram o rendimento dos ativos semelhantes nas diferentes moedas. Essa suposição é equivalente a combinar a paridade coberta com a hipótese de eficiência dos mercados. Nesse caso, as taxas futuras formadas nos mercados de derivativos são bons previsores das taxas de câmbio no futuro (Isard, 2008). Ou ainda, o investidor fica indiferente entre realizar uma operação coberta ou uma operação descoberta em um ativo semelhante em qualquer moeda do sistema, pois a remuneração será a mesma.

Dessa forma, explica-se o diferencial de juros entre as moedas como uma forma de recompensar o investidor da futura depreciação cambial da moeda de maior taxa de juros. Nesse sentido, a consequência lógica da UIP é que a validade dessa condição torna nulo o retorno do *carry trade*. E o mercado de câmbio internacional está em equilíbrio quando os rendimentos esperados de uma aplicação semelhante em todas as moedas são iguais quando medidos na mesma moeda. Portanto, uma primeira "especificidade teórica" da estratégia de *carry trade* é que ela constitui uma aposta contra a teoria da paridade descoberta da taxa de juros (UIP).

Nesses termos, a UIP postula que o rendimento de uma aplicação em juros domésticos (i^d) será igual ao de uma aplicação no exterior remunerada a juros internacionais (i^*) e ponderada pelas taxas de câmbio, esperada (e^e_{t+1}) e à vista (e_s):[41]

---

[41] A paridade descoberta dos juros pode ser simplificada no seguinte formato: $i^d = i^* + \Delta e^e$, onde Δe^e é a expectativa de depreciação da taxa de câmbio. Manipulando a equação $(1+i^d) = (1+i^*)(e^e_{t+1} / e_s)$, chega-se à expressão: $[(1+i^d)/(1+i^*)]-1 = [(e^e_{t+1} - e_s)/e_s)]$; matematicamente, pode-se demonstrar que $i^d - i^* \approx [(e^e_{t+1} - e_s)/e_s)]$, para pequenos valores de i. Sobre essa equação, ver Isard (2008).

$$(1+i^d) = (1 + i^*) \frac{e^e_{t+1}}{e_s}$$

Como visto, a operação de *carry trade* é uma operação que aposta que o rendimento em juros de determinada moeda $(1+i^d)$ será maior do que a variação cambial e o custo do financiamento:

$$(1+i^d) > (1 + i^*) \frac{e^e_{t+1}}{e_s}$$

Logo, o retorno da operação de *carry trade* (R_{ct}) será tanto maior quanto mais desequilibrada for a equação da paridade descoberta dos juros. Esse retorno, medido em percentual, é dado pela fórmula seguinte:

$$R_{ct} = \frac{(1 + i^d)}{(1 + i^*)} * \frac{e_s}{e^e_{t+1}} - 1$$

A dedução da fórmula de retorno do *carry trade* (explicada passo a passo em anexo) pressupõe uma operação clássica de *carry trade* montada por meio de um empréstimo bancário e aplicação em um ativo. Entretanto, o mercado de câmbio a termo proporciona o mesmo retorno (R_{ct}). Ou seja, uma posição comprada no mercado a termo na moeda-alvo do *carry trade* proporciona o mesmo ganho apresentado nas equações anteriores. O resultado de uma operação no mercado de derivativos (R_d), como um contrato futuro, depende da taxa de câmbio futura (e_f) no momento da contratação e da taxa de câmbio à vista (e_{t+1}) no momento do vencimento do contrato:[42]

$$R_d = e_f / e_{t+1}$$

Onde, considerando a paridade coberta da taxa de juros, a taxa de câmbio futura é dada pela equação:

$$e_f = e_s (1+i^d) / (1+i^*)$$

---

[42] Nesse caso, de posição comprada na moeda-alvo do *carry trade*, se no vencimento do contrato a taxa a termo for maior que a taxa à vista, há ganho na operação. O retorno de uma operação no mercado de derivativos será retomado no capítulo 7.

CARRY TRADE E AS PARIDADES COBERTA E DESCOBERTA

Considerando as últimas duas equações, tem-se que o retorno percentual da operação no mercado a termo será idêntico à forma bancária de *carry trade*:

$$R_d = R_{ct} = \frac{e_s}{e^e_{t+1}} \frac{(1 + i^d)}{(1 + i^*)} - 1$$

Nesse sentido, quando vale a paridade coberta de juros, a exposição cambial no mercado de derivativos é uma forma de operar o *carry trade* com retorno equivalente à forma bancária.

RESUMO E CONCLUSÕES

- A título metodológico, pode-se separar a literatura sobre o *carry trade* em dois grupos: o primeiro explora o *carry trade* com a preocupação de avaliar empiricamente a validade da teoria da paridade descoberta dos juros e o segundo tem como objetivo avaliar os efeitos do *carry trade* sobre os desalinhamentos cambiais e os desequilíbrios globais.
- O *carry trade* se define como uma estratégia financeira que busca usufruir o diferencial de juros entre duas moedas, onde se assume um passivo ou uma posição vendida na moeda de baixos juros e, simultaneamente, um ativo ou uma posição comprada na moeda de altos juros.
- O *carry trade* pode ser dividido em duas categorias: o *"canonical carry trade"*, que consiste na tomada de empréstimo em uma moeda de baixos juros e na aplicação em ativos denominados em uma moeda com juros mais altos, e o *"derivatives carry trade"* que decorre da formação de posição vendida na moeda de baixos juros e comprada na moeda de altos juros.
- Quando vale a paridade coberta da taxa de juros, uma aposta no mercado futuro de moedas é uma forma de *carry trade* com retorno equivalente à forma bancária, onde se toma um empréstimo a baixas taxas de juros e aplica-se em ativos com juros mais altos denominados em outra moeda.
- A arbitragem de juros internacional passa pela neutralização do risco cambial entre as moedas por meio de contratos de *hedge* cambial. Por

sua vez, o custo do *hedge* depende da taxa de câmbio no mercado a termo. A equação da paridade coberta de juros estabelece a igualdade que neutraliza a arbitragem com juros no plano internacional.

- Já o *carry trade* é uma operação especulativa cujo retorno depende da não validade da teoria da paridade descoberta da taxa de juros.

ANEXO

Dedução da fórmula de retorno de uma operação de carry trade

O retorno R de uma aplicação alavancada qualquer em US$ é dado pela equação:

$$R = \frac{Q^{\$}_{t=1} - Q^{\$}_{t}(1+i^{*})^{n}}{Q^{\$}_{t}(1+i^{*})^{n}} \qquad (1)$$

Onde $Q^{\$}_{t}$ é a quantidade investida inicialmente, i^{*} os juros pagos pelo empréstimo, n o número de períodos de incidência dos juros e $Q^{\$}_{t+1}$ é a quantidade obtida no período $t+1$.

Supondo uma operação de *carry trade* tendo o dólar americano como moeda *funding* e o real como moeda *target*. Essa operação pressupõe, no momento t, um empréstimo de $Q^{US\$}_{t}$ a uma taxa de juros i^{*}. Essa quantia $Q^{US\$}_{t}$ é convertida para $Q^{R\$}_{t}$ a uma taxa de câmbio e_{t}, sendo:

$$Q^{US\$}_{t} = \frac{Q^{R\$}_{t}}{e_{t}} \qquad (2)$$

A quantia em reais no período $t+1$ $(Q^{R\$}_{t+1})$ é equivalente à quantia inicial remunerada pela taxa doméstica (i^{d}) em determinado período de tempo n:

$$Q^{R\$}_{t+1} = Q^{R\$}_{t}(1 + i^{d})^{n} \qquad (3)$$

Ao fim da operação de *carry trade*, o valor em reais $Q^{R\$}_{t+1}$ é convertido para dólares a uma taxa de câmbio no período $t+1$ (e_{t+1}):

$$Q^{US\$}_{t+1} = \frac{Q^{R\$}_{t+1}}{e_{t+1}} \qquad (4)$$

Substituindo as equações (2) (3) (4) na equação (1), temos o retorno da operação de *carry trade* (R_{ct}):

$$R_{ct} = \frac{\dfrac{Q^{R\$}_{t+1}}{e_{t+1}} - \dfrac{Q^{R\$}_{t}(1+i^*)^n}{e_t}}{\dfrac{Q^{R\$}_{t}(1+i^*)^n}{e_t}} = \frac{\dfrac{Q^{R\$}_{t}(1+i^d)^n}{e_{t+1}} - \dfrac{Q^{R\$}_{t}(1+i^*)^n}{e_t}}{\dfrac{Q^{R\$}_{t}(1+i^*)^n}{e_t}} = \frac{\dfrac{(1+i^d)^n}{e_{t+1}} - \dfrac{(1+i^*)^n}{e_t}}{\dfrac{(1+i^*)^n}{e_t}}$$

Logo, o retorno do *carry trade* é representado pela equação:

$$R_{ct} = \frac{(1+i^d)^n}{(1+i^*)^n} * \frac{e_t}{e_{t+1}} - 1$$

Como exemplo, considera-se uma aplicação em reais financiada por um empréstimo em dólares com três meses ou 90 dias de duração. Sendo a taxa de juros anual na moeda *funding* (i^*) de 1,5% e na moeda *target* (i^d) de 11%, e a taxa de câmbio no período t de R\$ 1,90/US\$ e no período $t+1$ de R\$ 1,65/US\$. Aplicando a fórmula anterior, temos um retorno dessa operação de *carry trade* de 18,15% sobre o capital investido.

Parte II

O sistema monetário internacional e as taxas de câmbio

CAPÍTULO 4

O MERCADO DE CÂMBIO INTERNACIONAL[43]

O mercado de câmbio internacional (*foreign exchange market, FX market*, ou, simplesmente, Forex) é o lócus de negociação e troca entre moedas. No sentido abstrato do termo, esse significa o processo ou o sistema de conversão de uma moeda nacional em outra (Einzig, 1937). Nele incluem-se todos os tipos de contratos que têm como parte do objeto de negociação uma taxa de câmbio; fundamentalmente contratos à vista e de derivativos realizados em mercados de balcão e de bolsa. Por definição, as transações nesse mercado estabelecem as taxas de câmbio *spot* e futura entre as diversas moedas do sistema internacional. O Forex é de longe o mercado mais importante do mundo considerando como critério o volume de operações. Seu tamanho é hoje um múltiplo do mercado de ações e de títulos. Esse mercado tem, como características importantes, a predominância do mercado de balcão, um alto grau de liquidez, um baixo grau de regulação e uma alta alavancagem. Essas características serão exploradas neste capítulo.

1. VOLUME DE NEGÓCIOS E DISTRIBUIÇÃO GEOGRÁFICA

Segundo a pesquisa trienal do BIS de 2013, o mercado internacional de câmbio negocia por volta de US$ 5,3 trilhões por dia.[44] Esse montante excede com folga as necessidades reais da economia: em 14 dias de negócio,

---

[43]   Este capítulo baseia-se em Rossi (2010).

[44]   A *Triennial Central Bank survey of foreign exchange and derivatives market activity* é uma pesquisa coordenada pelo BIS conduzida a cada três anos desde 1989. Em 2013, 53 bancos centrais coletaram dados com 1.300 bancos e outros *"reporting dealers"*. Os dados são coletados ao longo de todo mês de abril e refletem todas as operações efetuadas nesse mês. Ver BIS (2014) para mais detalhes sobre a pesquisa.

o mercado de moedas transaciona o equivalente ao PIB mundial no ano todo, ou ainda, em quatro dias negocia-se todo o estoque de ações.[45] Trata-se de um mercado que negocia, além dos fluxos de comércio e serviços, o estoque de riqueza global, mudando constantemente a forma de sua denominação monetária.

A figura 1 apresenta a evolução da atividade no mercado de moedas em termos de volume de atividade e em comparação com a corrente de comércio internacional. Destaca-se nessa figura um aumento expressivo do giro diário nos últimos anos que passou de US$ 1,52 trilhão para US$ 5,3 trilhões, entre 2001 e 2013. Nesse sentido, a pesquisa trienal do BIS de 2013 mostra que, apesar dos desdobramentos da crise internacional, o mercado de câmbio segue sua trajetória de aumento de operações.[46]

A comparação do volume negociado com períodos anteriores a 2001 é prejudicada pela entrada da moeda europeia no mercado. O euro reduz substancialmente o volume de negócios, já que elimina as operações entre antigas moedas europeias como o marco, o franco francês e belga, a peseta, o escudo, a lira italiana, o dracma, entre outras. A figura 1 mostra essa queda no volume de negócios entre 1998 e 2001.

Diante desses dados, que mostram um aumento da atividade de troca de moedas relativamente ao comércio internacional, é natural se atribuir o excessivo giro do Forex à especulação com moedas; entretanto, não há como fazer essa separação analítica entre as operações ligadas ao setor real da economia e aquelas voltadas para especulação financeira. De acordo com Lyons (1996), grande parte das operações do Forex ocorre entre as instituições financeiras intermediárias, com objetivo de equilibrar seus balanços. Por exemplo, uma instituição financeira, atendendo à necessidade de um cliente, vende dólar e compra lira turca. Não desejando uma exposição em lira turca, a instituição procura um banco para desfazer-se de parte do valor em lira turca. Esse banco tampouco pretende ficar exposto

---

[45] A estimativa do FMI, divulgada no World Economic Outlook, para o PIB mundial em 2013 é de US$ 73,9 trilhões. Para o mercado de ações, o valor do estoque global foi de US$ 19,8 trilhões em dezembro de 2013 (dados da CPIS-FMI).

[46] Na verdade, nos momentos de crise espera-se um aumento do giro no mercado, uma vez que os agentes estão recompondo portfólios e se protegendo do descasamento de moedas. Mas para um período contínuo de aversão ao risco pode-se esperar uma redução das atividades.

em lira turca no montante negociado e vai ao mercado futuro vender essa moeda para outra parte. E assim continua até alguém desejar estar exposto em lira turca. Esse processo é chamado na literatura de "*hot potato*" (Lyon, 1996).

Figura 1
VOLUME DIÁRIO DE NEGÓCIOS NO FOREX

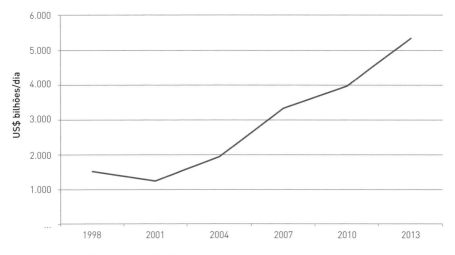

Fonte: BIS e FMI. Elaboração própria.

No Reino Unido transacionam-se mais dólares do que nos Estados Unidos, e mais euro do que na eurolândia. Essa praça financeira ganhou espaço desde 2001 e concentrou 40,9% das operações do Forex em 2013, seguida pelos Estados Unidos com 18%. A praça asiática de câmbio de moedas é dividida fundamentalmente entre Japão (5,6%), Cingapura (5,7%), Hong Kong (4,1%) e Austrália (2,7%), para dados de 2013. Esses mercados, juntamente com países da Europa continental, como Suíça (3,2%), França (2,8%) e Alemanha (1,7%), compõem o grupo dos principais centros financeiros do Forex mostrado na figura 2.

Figura 2
DISTRIBUIÇÃO GEOGRÁFICA DO MERCADO DE CÂMBIO INTERNACIONAL

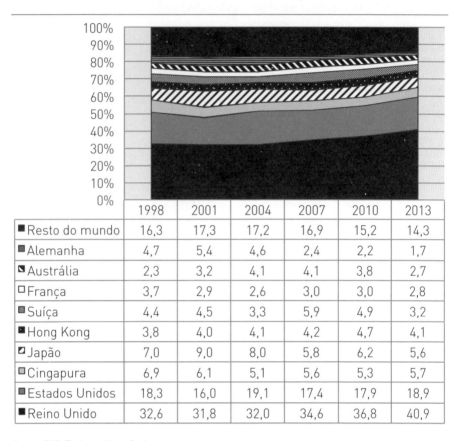

	1998	2001	2004	2007	2010	2013
■ Resto do mundo	16,3	17,3	17,2	16,9	15,2	14,3
≡ Alemanha	4,7	5,4	4,6	2,4	2,2	1,7
◨ Austrália	2,3	3,2	4,1	4,1	3,8	2,7
▫ França	3,7	2,9	2,6	3,0	3,0	2,8
▨ Suíça	4,4	4,5	3,3	5,9	4,9	3,2
■ Hong Kong	3,8	4,0	4,1	4,2	4,7	4,1
◪ Japão	7,0	9,0	8,0	5,8	6,2	5,6
▫ Cingapura	6,9	6,1	5,1	5,6	5,3	5,7
■ Estados Unidos	18,3	16,0	19,1	17,4	17,9	18,9
■ Reino Unido	32,6	31,8	32,0	34,6	36,8	40,9

Fonte: BIS. Elaboração própria.

2. LIQUIDEZ E PARES DE MOEDAS

As operações do Forex são em sua ampla maioria realizadas no mercado de balcão. Ou seja, não há um local centralizado onde operações com determinadas moedas ocorrem e o mercado é pulverizado entre uma gama de agentes que trocam entre si. Com isso, diferentemente dos mercados de ações, o grau de regulação é menor, há menos transparência e, para o caso dos mercados de derivativos de balcão na maioria dos países, não há registro dos operadores e tampouco das operações. Apesar de descentralizado, o mercado de moedas é altamente integrado por modernas tecnologias de informação e telecomunicação. Há duas plataformas eletrônicas principais de transações e corretagem cambial: a Reuters 2002-2 Dealing System (Reuters) e a Electronic Broking System Spot Dealing System (EBS). Essas plataformas oferecem o fechamento automático de operações dentro do sistema e substituem, em parte, a função dos *brokers* e das *clearing houses*. Além da redução dos custos de transação, essas plataformas promovem uma crescente centralização virtual do mercado pelas redes informáticas (Sarno e Taylor, 2001).

O Forex oferece 24 horas de liquidez para as principais moedas do mercado. Isso implica que o *trader* fica livre para escolher quando quer operar e, mais importante, reduz-se significativamente o risco de preço uma vez que as transações podem ser liquidadas a qualquer momento do dia nas plataformas virtuais que se conectam diretamente às diferentes praças financeiras.

A medida de liquidez dos pares de moedas é o *spread* cobrado na transação; quanto mais líquido o par de moedas, menor a diferença de preços entre compra e venda e menor o custo do *spread*. O *spread* também varia ao longo do dia de acordo com as praças financeiras que estão abertas: os *spreads* mais baixos ocorrem quando a praça de Nova York está operando e Londres ainda não fechou, e quando a última está aberta e Tóquio já abriu. Portanto, investidores situados nas Américas dão prioridade por operar na parte da manhã, enquanto os operadores asiáticos costumam operar à tarde. Os momentos de maior liquidez são também os momentos do dia de maior volatilidade das taxas de câmbio por conta do volume de operações.[47]

O mercado de câmbio internacional é extremamente concentrado em um grupo selecionado de moedas e amplamente dominado pela moeda americana. Segundo o BIS, o dólar esteve presente em 87% das operações do mercado de câmbio, em abril 2013. Ou seja, em quase 90% das transações cambiais o dólar está em uma das pontas do contrato e compõe um par com outra moeda.

No jargão do mercado, são atribuídos nomes a três grupos de pares de moeda: os *major pairs*, os *crosses pairs* e os *exotic pairs*. O primeiro grupo é composto pelo cruzamento do dólar com outras principais moedas do mercado: euro, iene, franco suíço, libra, dólar australiano e dólar canadense.

---

[47] Sobre o volume de atividade intradiária e seu impacto sobre *spreads* e a volatilidade cambial, ver Ito e Hashimoto (2006).

Esse grupo representou 65% do giro diário em 2013 (tabela 1). O grupo dos *crosses pair* constitui-se dos cruzamentos entre as principais moedas mencionadas, com exceção do dólar. E o grupo de pares exóticos são cruzamentos entre o dólar e outras moedas como o dólar de Hong Kong, o rublo russo, o dólar neozelandês, o real brasileiro, a coroa dinamarquesa, a coroa sueca, o dólar de Cingapura, o *won* coreano, o *rand* sul-africano e o *florint* húngaro, entre outras.[48]

A liquidez de um par de moedas pode ser avaliada de duas formas: a primeira é por meio de seu custo de transação, ou seja, do *spread* embutido em uma operação cambial; já a segunda forma é pelo volume transacionado pelo mercado, ou seja, moedas com maior giro são mais líquidas. A tabela 1 mostra dois conjuntos de dados associados às duas medidas de liquidez. Tanto os dados de *spread* das moedas quanto os dados de volume negociado possuem limitações. Os primeiros, pelo fato de não existirem taxas de *spread* padronizadas entre os agentes do mercado. Dessa forma, os dados de *spread* da tabela 1 referem-se a uma das instituições que atua no mercado de câmbio internacional.

Já os dados de volume negociado do BIS pecam por mudanças metodológicas que, apesar de ampliar o alcance da coleta de dados, limitam comparações históricas e entre alguns pares de moedas. Vale notar que, por conta da crescente importância das operações de *carry trade*, o BIS reforçou o estudo de alguns pares de moedas associados a essa estratégia em sua pesquisa trienal de 2013. Com isso, o alto crescimento do giro de moedas como o real, o *yuan* e o *rand* entre 2010 e 2013 está ligado, em parte, a mudanças metodológicas.[49]

---

[48]   *"Cable"* é o termo usado no mercado para se referir ao par dólar-libra. O apelido remete à instalação do cabo telegráfico transatlântico, em 1858, conectando os EUA ao Reino Unido, e permitindo mensagens entre os centros financeiros com preços de moedas. As moedas australiana, neozelandesa e canadense são ordinariamente referidas no meio financeiro pelos apelidos *"The Aussie"*, *"The Kiwi"* e *"The Loony"*, respectivamente.

[49]   Dadas as mudanças metodológicas, a série histórica do BIS não permite uma análise do desempenho da moeda brasileira. Na pesquisa de 2013 eles acrescentaram "informações suplementares" sobre moeda brasileira (BIS, 2013), assim como em 2010 eles já haviam realizado mudanças metodológicas para as transações com o real: *"the shares of some currencies, in particular the Brazilian real and the Korean won, have benefited at the margin from a refinement in the data collection process, which encouraged reporting banks to report turnover for a more comprehensive set of currency pairs"* (BIS, 2010a:5).

O MERCADO DE CÂMBIO INTERNACIONAL

Tabela 1

LIQUIDEZ DOS PARES DE MOEDAS NO MERCADO DE CÂMBIO INTERNACIONAL*

	Spread[1]				Volume de transações diárias[2]	
	Spread em pip[1]	Taxa de câmbio	Spread em %[2]	Spread (nº de vezes o par mais líquido)	Montante em US$ bilhões	%
Major pairs						
EUR/USD	1,4	1,07	0,013	1,0	1289	24,1
USD/JPY	1,5	119	0,013	1,0	978	18,3
GBP/USD	2,1	1,50	0,014	1,1	472	8,8
USD/CHF	2,4	0,96	0,025	1,9	184	3,4
AUD/USD	1,7	0,77	0,022	1,7	364	6,8
USD/CAD	2,4	1,22	0,020	1,5	200	3,7
Crosses pairs						
EUR/GBP	1,5	0,71	0,021	1,6	102	1,9
EUR/JPY	2,0	128	0,016	1,2	147	2,8
EUR/CHF	4,5	1,44	0,031	2,4	71	1,3
AUD/JPY	2,0	92	0,022	1,7	45	0,8
Exotic pairs						
NZD/USD	2,2	0,76	2,895	221,2	82	1,5
USD/ZAR	75	12,20	6,148	469,8	51	1,0
JPY / BRL	-	-	-	-	3	0,1
USD/CNY[2]	250	6,09	0,411	31,4	113	2,1
USD/BRL	-	-	-	-	48	0,9
USD/KRW	-	-	-	-	60	1,1

Fonte: Oanda e BIS, elaboração própria.
* Spreads e taxa de câmbio divulgados online em 21 de abril de 2015 em: <http://fxtrade.oanda.com/lang/pt/why/spreads/live>. AUD: Australian dollar, BRL: Brazilian real, CAD: Canadian dollar, CHF: Swiss franc, CNY: Chinese renminbi, EUR: Euro, GBP: Pound sterling, JPY: Japanese yen, KRW: Korean won, NZD: New Zealand dollar, USD: US dollar, ZAR: South African rand.
1. O pip representa 0,01 centavo ou uma unidade na quarta casa decimal. O caso do iene é exceção, dado que o seu valor unitário mais baixo, 1 pip, é igual a 1 centavo de iene.
2. Proporção do spread em relação a uma unidade monetária. Por exemplo, para o par euro-dólar, para cada unidade de dólar, o custo de transação é US$ 0,00007.

Conforme mostrado na tabela 1, em torno de um quarto das operações cambiais é realizado entre o euro e o dólar, já o segundo par mais negociado é o dólar/iene, com 18%. Segundo o BIS, em abril de 2013 negociou-se o valor de US$ 48 bilhões/dia de contratos cambiais entre real e dólar, o que equivale a 0,9% do total.

Na primeira coluna da tabela 1 estão os *spreads* cobrados por um *broker* para diferentes pares de moedas. Nas plataformas virtuais de operação, a unidade de medida do *spread* entre a compra e venda de um par de moedas é o "pip" (abreviação de *"percentage in point"*), que representa uma unidade na quarta casa decimal, ou 0,01 centavo. Uma transação entre euro e dólar custa em torno de 1,4 pip, que equivale a 0,00014 dólar, ou seja, a cada 100 mil dólares negociados se pagam 14 dólares de *spread*. O valor pode parecer pequeno, mas considerando que as trocas entre euro e dólar equivalem a US$ 1,3 trilhão por dia, o *spread* diário embolsado pelas instituições do Forex para esse par de moedas fica em torno de US$ 180 milhões.

Os valores de *spread* em *pip* não são diretamente comparáveis, uma vez que ele representa uma fração de centavo que assume um valor diferente dependendo da moeda a que ele se refere. A tabela 1 apresenta também o *spread* em percentual da transação que consiste na ponderação dos *spreads* em pips com as respectivas taxas de câmbio.[50] De acordo com esse indicador, a liquidez dos pares de moedas medida pelo *spread* corrobora os dados do BIS, sendo os pares transacionados com menor custo aqueles de maior giro do mercado.[51] Observa-se também que as transações em moedas exóticas custam muito mais do que as transações entre euro e dólar.

3. OS INSTRUMENTOS E OS PRINCIPAIS AGENTES

A tabela 2 apresenta os principais instrumentos utilizados no Forex. Primeiramente, destaca-se dessa tabela a importância dos derivativos no total das transações (62%) em relação às transações à vista (38%). Já o *Fx swap* responde por 40% das operações do mercado. Esse é o instrumento clássi-

---

[50] Em uma transação EUR/USD cobra-se 1,4 pip de dólar por euro. Já na transação GDB/USD, cobra-se 2,1 pips de dólar por libra. Naquele momento, o euro vale 1,07 dólar e a libra vale 1,50 dólar, de forma que para comparar os custos de transação precisa-se ponderar o custo em pips pela taxa de câmbio. Dessa forma, o custo da transação euro-dólar fica: 0,9 pip/1,07=0,00014, e libra-dólar: 1,8pip/1,50=0,00021.

[51] O par euro-libra é uma exceção, uma vez que se apresenta como um dos mais líquidos de acordo com o custo de transação.

co de *hedge* cambial uma vez que pode neutralizar a exposição cambial de uma empresa produtiva, garantir a receita de uma empresa exportadora e a compra de uma empresa importadora. Por outro lado, é também o instrumento de derivativo mais usado para o *carry trade*. Vale destacar ainda que os derivativos de bolsa representam apenas 3% das transações cambiais internacionais. Apesar disso, esses são o principal instrumento de negociação cambial no Brasil, como será tratado no capítulo 6. Esses instrumentos estão especificados na tabela 2.

Tabela 2

PRINCIPAIS INSTRUMENTOS DO FOREX

Instrumento	Definição	Volume diário médio, em US$ bi (abril de 2013)	Percentual do volume total (abril de 2013)
Spot	Transação entre duas moedas com taxa acordada na data do contrato, para entrega em dois dias ou menos.	2046	37%
Foreign Exchange Swap	Um contrato que simultaneamente combina uma compra (venda) de moeda no presente e uma venda (compra) no futuro, a taxas (*spot* e futura) combinadas no momento do fechamento do contrato.	2228	40%
Outright Forward	Transação entre duas moedas com taxa acordada na data do contrato para entrega em mais de dois dias. O BIS inclui nessa categoria os Non Deliverable Forward (NDFs), que são similares ao *outright* tradicional, só que não envolvem entrega física, mas a margem líquida da variação entre as duas moedas.	680	12%
Currency Swap	Um contrato em que as partes trocam juros e principal em diferentes moedas por um período acordado e taxas pré-acordadas.	54	1%
Fx Options	Contrato que dá direito a compra ou venda de uma moeda com outra durante um período de tempo acordado.	337	6%
Derivativos de Bolsa	São os contratos padronizados negociados em bolsas de valores. Entre as principais categorias estão os contratos futuro e as opções.	160	3%

Fonte: BIS. Elaboração própria.

Conforme discutido, o mercado de câmbio internacional não é uma única estrutura centralizada de negociação. As condições de acesso ao mercado dependem da escala de atuação dos participantes. Nesse contexto, uma forma de distinguir os participantes do Forex é classificá-los de acordo com o grau de acesso à liquidez global. De forma estilizada, pode-se apontar quatro níveis de participantes desse mercado; são eles: (1) os grandes bancos internacionais, (2) *hedge funds*, grandes *brokers*, CTAs (Commodity Trading Advisors), grandes corporações e outros bancos, (3) firmas que atuam no comércio internacional e (4) indivíduos.[52]

Figura 3
MAIORES PARTICIPANTES DO FOREX EM 2014
(EM % DE VOLUME DE TRANSAÇÕES)

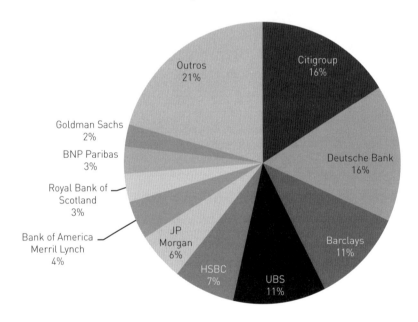

Fonte: Euromoney FX survey 2014. Elaboração própria.

---

[52] A atuação dos bancos centrais no mercado Forex é um caso à parte e será analisada mais adiante para o caso brasileiro.

O primeiro nível de participantes é composto pelos grandes bancos comerciais e de investimento com amplo acesso ao mercado interbancário internacional. Em 2014, segundo a pesquisa anual *Euromoney FX survey*, 80% do volume de transações estavam concentradas nos 10 maiores bancos. Como mostrado na figura 3, o Citigroup e o Deutsche Bank são os principais destaques do mercado e juntos concentram 31,7% das operações.[53] Esse controle da liquidez internacional faz desse grupo *market makers* dos preços de mercado, ou seja, a competição entre eles define o *spread* entre as moedas, e as estratégias dos mesmos têm impacto sobre as taxas de câmbio.

O alto grau de concentração das operações de câmbio em alguns poucos bancos caracteriza um oligopólio ao nível global e facilita episódios de manipulação de taxas e *spreads* decorrente da formação de cartéis. Recentemente, uma investigação conduzida pelo Departamento de Justiça dos Estados Unidos desvendou um esquema de manipulação de taxas de câmbio e condenou quatro grandes bancos — JPMorgan, Barclays, Citigroup e Royal Bank of Scotland — que se declararam culpados por conspirar para manipular a taxa dólar/euro no mercado à vista e, em julho de 2015, concordaram em pagar US$ 2,5 bilhões de dólares em multas criminais.[54]

Esse esquema de manipulação funcionava por meio de um *chat* eletrônico, onde membros do cartel combinavam condutas anticompetitivas. Em uma delas, os bancos manipulavam a taxa de câmbio à vista para obter ganhos sobre os contratos com clientes. Como veremos no capítulo 6, na negociação de câmbio à vista os bancos fecham um contrato à taxa de câmbio do dia e têm dois dias para a entrega da divisa. Nesses dois dias, os bancos envolvidos operavam no mercado para manipular a taxa de câmbio e assim obter ganhos e impor perda aos clientes. Como exemplo estilizado, quando um banco vendia um contrato de euro a uma taxa de 1,3 dólar por euro, esse combinava com o cartel para forçar uma apreciação do dólar em relação ao euro, de forma que essa taxa se reduza para 1,29, por exemplo, conferindo

---

[53] A pesquisa da Euromoney entrevista instituições financeiras que reportam suas transações *spot* e de derivativos, além de informações qualitativas. Para mais informações sobre a pesquisa ver: <www.euromoney.com>.

[54] Nessa mesma investigação, um quinto banco, o UBS, também foi punido por manipular a libor e outras taxas de juros. Para mais detalhes e acesso aos acordos de confissão, ver no site do departamento de justiça americano: <www.justice.gov/opa/pr/five-major-banks-agree--parent-level-guilty-pleas>.

ganhos para o banco que comprava euros a 1,29 dólar e vendia a 1,30 para seu cliente. Ou seja, a conduta anticompetitiva consistia em troca de informações e ações coordenadas para influenciar o mercado, nesse caso específico, para induzir a queda na cotação do euro. Segundo as investigações, há menção à manipulação da taxa de câmbio real-dólar nas conversas eletrônicas do "cartel" e referências ao boicote das instituições locais para reduzir a competição no mercado de câmbio:[55]

> *FX traders involved in the USD/Brazilian Real market colluded together to manipulate markets in a more straightforward manner—by agreeing to boycott local brokers to drive down competition. On October 28, 2009, an RBC trader wrote "everybody is in agreement in not accepting a local player as a broker?" A Barclays FX trader responded "yes, the less competition the better".* [New York State Department of Financial Services, 2015]

O segundo nível de participantes inclui *hedge funds*, companhias de seguro, CTAs, fundos de pensão, grandes corporações, bancos e *brokers*. A diferença para o primeiro nível é um custo de transação um pouco maior e um acesso um pouco mais restrito à liquidez disponível. Segundo Galati e Melvin (2004), os *hedge funds* tipicamente adotam "estratégias direcionais", movendo grandes somas de recursos e apostas em determinada moeda de forma a influenciar o mercado.[56] Essas instituições são "apostadores de tendência" e movem-se de forma coordenada com prazos mais alongados. Becker e Clifton (2007) usam dados de operações cambiais entre centros *offshore* e outros centros financeiros como uma aproximação da atividade dos *hedge funds* no Forex, e apontam para a importância das operações de *carry trade* no portfólio dessas instituições: "*Hedge funds have been very active in carry trades and more generally foreign exchange as an asset class in recent years, as the opportunities in more traditional markets were curtailed by compressed volatility and generally low returns*" (Becker e Clifton, 2007:157).

Já as CTAs atuam com horizontes bem mais curtos com limites de uma semana ou mesmo intradiário. Essas instituições originalmente se limitavam

---

[55]   A menção à moeda brasileira levou o Conselho Administrativo de Defesa Econômica (Cade) a iniciar uma investigação sobre a manipulação da moeda brasileira no ano de 2015.

[56]   Um caso notável de especulação foi o episódio conhecido como Black Wednesday, em 16 de setembro de 1992, quando George Soros, que administrava recursos de *hedge funds*, moveu o mercado contra a libra esterlina faturando mais de US$ 1 bilhão em um dia.

O MERCADO DE CÂMBIO INTERNACIONAL

a serviços de consultoria a clientes na compra de contratos de derivativos em diversos segmentos de mercados e, com o tempo, passaram a atuar como outros administradores de fundos com posição importante no *FX market* (Galati e Melvin, 2004).

O terceiro nível de participantes é composto pelas firmas que atuam no comércio internacional. Anteriormente, o mercado de moedas estrangeiras destinava-se principalmente a prestar serviços financeiros às firmas que atuam no lado real da economia, no comércio de bens e serviços além de remessas de lucro, investimentos produtivos, fusões e aquisições, remessas de migrantes etc. Com o passar do tempo a motivação "real" foi perdendo importância e hoje os fluxos financeiros associados a esses tipos de atividades representam uma parcela muito pequena do valor dos negócios do Forex. Esse nível de participante, apesar de dar direção aos chamados "fundamentos", não é o grande responsável pelo elevado grau de atividade no Forex.

Por último, os indivíduos também atuam no mercado de moedas estrangeiras. Nos últimos anos, graças ao advento das plataformas de negociação online, os indivíduos podem negociar livremente no mercado Forex. Existem dezenas, talvez centenas de plataformas desse tipo que permitem o acesso de firmas e indivíduos às apostas no mercado de câmbio. O fato não seria de grande relevância se fosse um fenômeno restrito, mas a negociação direta de indivíduos no Forex ganhou importância considerável nos últimos anos. A modalidade de especulação usada por indivíduos foi denominada *"foreign-exchange margin trading"* onde uma quantia em dinheiro é depositada como colateral para o *broker*, e as apostas dos indivíduos são ajustadas "na margem":

> *While direct comparisons are difficult, the volume of foreign-exchange margin trading is equivalent to about 10% of total yen spot trading, according to global statistics kept by the BIS (as in April 2007). This data indicates that individual Japanese investors are becoming important participants in the foreign-exchange market, joining domestic and foreign institutional investors, importers, exporters and hedge funds.* [Terada et al., 2008:2]

Como exemplo, a plataforma oferecida pelo Deutsche Bank permite apostas com 34 pares de moedas, uma alavancagem de 1 para 100 e um mínimo de aplicação de US$ 5.000.[57] Dessa forma, um investidor de qualquer

---

[57] Disponível em: <www.dbfx.com>. Acesso em: abr. 2015.

parte do globo que faz um depósito de US$ 5.000 pode investir US$ 500.000 na moeda brasileira. Se a taxa de câmbio real/dólar se depreciar 1%, a aposta é automaticamente interrompida e a conta de depósito zerada. Caso contrário, se o real se valorizar 1%, tem-se um ganho de 100% em relação ao seu depósito inicial. No fundo, essas plataformas, concebidas por bancos e *brokers*, são uma forma de captação de recursos no varejo reunindo pequenos *traders* que não têm escala para acesso a boas condições de operação do mercado e inserindo-os no jogo de aposta do Forex.[58]

A alavancagem oferecida aos clientes também é comum nas das mesas de câmbio de bancos e empresas e uma característica importante do mercado de câmbio. Essa alavancagem é por vezes condicionada ao estabelecimento de margens que limitam as perdas (*stop loss*) ou os ganhos (*stop gain*), e que, quando atingidas, desmontam automaticamente uma posição de *carry trade*. A alavancagem por um lado permite um aumento significativo dos ganhos em caso de uma aposta na direção correta, mas, por outro lado, aumenta o risco de perdas da operação. Adicionalmente, a alavancagem aumenta potencialmente o risco sistêmico uma vez que, diferentemente do investimento não alavancado, pode tornar o investidor insolvente, ou seja, um movimento adverso de preço pode comprometer o pagamento à contraparte do empréstimo.

4. ESTRATÉGIAS DE INVESTIMENTO PARA ALÉM DOS FUNDAMENTOS

A forma de definição de estratégias de investimento dos participantes do Forex é de importância crucial, pois essas têm potencial de impactar as trajetórias cambiais. Na literatura econômica, as correntes "comportamental" e microestrutural, referenciadas no capítulo II, apontam o uso de análises grafistas ou técnicas (*chartist* ou *technical analysis*) como mecanismo que explica o desvio das taxas de câmbio das variáveis de fundamentos. "A análise técnica é o estudo da evolução de um mercado, principalmente com base em gráficos, com o objetivo de prever tendências futuras" (Farhi, 1998:179). Essas realizam previsões da taxa de câmbio futura com base na análise indutiva de movimentos passados da série de câmbio (Menkhoff e Taylor, 2006).

---

[58] Para entender o grau de comercialização dessas plataformas, convida-se o leitor a digitar "Forex" no Google.

Para Schulmeister (2010), a análise grafista é onipresente nos mercados financeiros, e no mercado de câmbio ela é a ferramenta de negócio mais largamente utilizada. No meio financeiro os complexos modelos macroeconômicos de previsão cambial baseados em fundamentos econômicos nem sempre são utilizados nas mesas de operação. Os "fundamentos" como contexto político, política monetária e variáveis macro são utilizados de forma mais livre, apontando direções de investimento. No curto prazo, as estratégias de investimento movem-se principalmente por análises grafistas.

Figura 4
ELLIOTT WAVE PRINCIPLE (À ESQUERDA) E PADRÃO OMBRO-CABEÇA-OMBRO

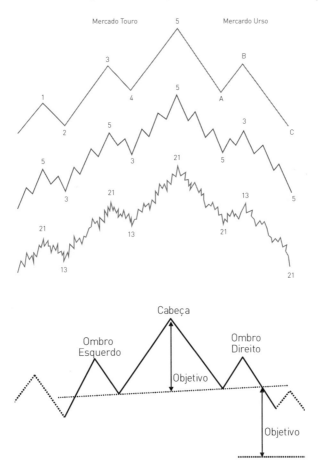

Fontes: Prechter (2004:195) e Boainain e Valls Pereira (2009:7).

Entre os instrumentos para a análise grafista estão estatísticas descritivas convencionais como a média móvel e os indicadores de volatilidade. No entanto, outros indicadores menos convencionais fazem parte desse grupo, como a sequência Fibonacci, que consiste em uma relação entre números derivada de leis naturais onde se estabelecem pontos que detonam corridas a favor ou contra determinada moeda. Outros métodos são o *"Elliott wave principle"* e o padrão ombro-cabeça-ombro (*head and shoulders*), que se baseiam na suposição de que o comportamento humano é repetitivo. No primeiro método, a psicologia do investidor tende a produzir cinco ondas a favor da tendência e três contra, e, no segundo, estabelece-se um padrão de reversão das tendências de alta da taxa de câmbio (figura 4).

Pode parecer anedótico, mas o uso dessas técnicas é, de fato, difundido nos meios financeiros, como mostram os estudos de Menkhoff e Taylor (2006) e Taylor e Allen (1992). Um antigo estudo do Grupo dos Trinta reforça a ideia da análise técnica como uma convenção indispensável ao mercado:

> *Most respondents think that the use of technical models has had a definite impact, mostly by making markets more volatile, at times onesided, and by exacerbating trends. Because technical models have gained wide support, they have introduced new parameters in the market, which dealers cannot afford to ignore. There has also been an impact on turnover; trading is often triggered by the availability of information, and technical models appear to have built confidence among the believers, making them more inclined to trade.* [Group of Thirty, 1985:45]

Nesse contexto, o uso difundido de técnicas, ou "regras de comportamento", pode fazer com que a estratégia de ganhos seja autorrealizável na medida em que se estabelecem certos "momentos" onde se inicia e se termina uma estratégia vendida ou comprada. Por outro lado, o uso difundido dessas técnicas acusa um padrão de comportamento do mercado que, apesar de ser racional do ponto de vista dos agentes investidores, é nocivo no que se refere ao equilíbrio macroeconômico:

> Podemos, portanto, concluir que a utilização generalizada de sistemas de negociação gráfica fortalece e alonga os movimentos das tendências de preços de ativos no curto prazo. Ao mesmo tempo, a sequência de mo-

O MERCADO DE CÂMBIO INTERNACIONAL

vimentos de preços acumula-se em tendências a longo prazo quando um viés de expectativa de alta ou de baixa prevalece no mercado. [Schulmeister, 2010:170]

Outra forma de operar com moedas que vem ganhando destaque é o *"algorithmic trading"* que consiste no uso de computadores para executar ordens de compra e venda de moedas. A máquina é programada para decidir valores a serem investidos, preços e o *timing* das operações, sem intervenção humana. O *algorithmic trading* é muito usado para detectar e efetuar transações de arbitragem com a paridade coberta da taxa de juros, calculando o diferencial de juros, a taxa de câmbio à vista e a taxa de câmbio futura, e efetuando a operação em caso de possibilidade de arbitragem. Para Galati, Healt e McGuire, o *algorithmic trading* também se estende para as operações de *carry trade*: *"While this way [algorithmic trading] of implementing carry trades appears to be of secondary importance, it seems to have become more popular in recent years, in line with the growing success of algorithmic trading in foreign exchange markets"* (Galati, Healt e McGuire, 2007:30).

Os fundos geridos por computadores potencializam lucros em tempos normais uma vez que a semelhança nas estratégias dos mesmos equivale a comportamentos de manada e tende a mover o mercado em determinada direção. No entanto, a crise do *subprime* gerou grandes perdas nesses fundos; a passagem seguinte é bastante clara ao apontar os motivos:

> *Computer programs base their decisions on past data and may not recognize that the past data are driven by their own trading activities. Moreover, automated trading programs tend to have similar trading strategies (because they are based on the same set of past information) and this may lead to herding. Thus, automated trading could not deal with exceptional volatility and forced selling.* [Khalidi et al., 2007:28]

RESUMO E CONCLUSÕES

- O mercado internacional de câmbio negociou US$ 5,3 trilhões por dia, e o Reino Unido concentrou 40,9% das operações dessas operações, em abril de 2013, segundo o BIS.

- Desse total, as operações cambiais nos mercados de derivativos representam 62% do total das transações, enquanto as operações de câmbio à vista, 38%.
- Um quarto das operações cambiais é realizado entre o euro e o dólar, já o segundo par mais negociado é o dólar/iene, com 18%. As negociações entre real e dólar totalizaram US$ 48 bilhões/dia em abril de 2013, o que equivale a 0,9% do total, em abril de 2013, segundo o BIS.
- Em 2014, segundo a pesquisa anual *Euromoney FX survey*, 80% do volume de transações estavam concentradas nos 10 maiores bancos. O Citigroup e o Deutsche Bank são os principais destaques do mercado e juntos concentram 31,7% das operações.
- As análises técnicas ou grafistas fundamentam decisões de compra e venda de moeda com base em estatísticas descritivas convencionais como a média móvel e os indicadores de volatilidade. O uso difundido dessas técnicas pode fazer com que a estratégia de ganhos seja autorrealizável na medida em que se estabelecem certos "momentos" onde se inicia e se termina uma estratégia vendida ou comprada.

CAPÍTULO 5

O CICLO DE LIQUIDEZ E AS TAXAS DE CÂMBIO[59]

A história recente brasileira permite destacar o cenário externo como um elemento importante na determinação da flutuação da taxa de câmbio. Essa influência ocorre tanto na volatilidade, que responde às mudanças súbitas de expectativas dos agentes, quanto no patamar da taxa de câmbio que obedece às mudanças de orientação da política monetária dos países centrais e que provocam tendências de apreciação e depreciação da moeda brasileira.

Nesse contexto, este capítulo busca discutir teoricamente os condicionantes externos da determinação das taxas de câmbio do sistema internacional e apontar algumas indicações empíricas. Entre esses condicionantes está o ciclo de liquidez internacional que impacta a precificação das moedas de acordo com sua posição hierárquica no sistema monetário internacional. Nesse modelo descritivo, o *carry trade* aparece como o elo transmissor do ciclo de liquidez para as taxas de câmbio.

O capítulo se divide em três partes: a primeira expõe os elementos teóricos e conceituais que fundamentam a análise do impacto do ciclo de liquidez na taxa de câmbio. A segunda apresenta uma medida do ciclo de liquidez enquanto a terceira avalia empiricamente a relação desse com taxas de câmbio selecionadas.

1. CICLO DE LIQUIDEZ E A FINANCEIRIZAÇÃO DAS TAXAS DE CÂMBIO

No atual contexto histórico institucional, de ampla abertura e desregulamentação financeira do sistema financeiro internacional, as moedas são ativos fi-

---

[59] Este capítulo se baseia em um projeto comum de pesquisa com Bruno De Conti e André Biancarelli. O trabalho de De Conti, Biancareli e Rossi (2013) é uma primeira aproximação sobre o tema.

nanceiros de alta liquidez associados a um binômio rendimento/risco e sujeitas a compor o portfólio de investidores internacionais, assim como *commodities*, ações, títulos, hipotecas securitizadas etc. Essa noção de moeda como um ativo financeiro não é tão evidente para todos os campos da teoria econômica, mas na visão dos operadores do mercado financeiro ela figura no plano da obviedade.

Diante disso, a dinâmica dos estoques de riqueza e a lógica de alocação de portfólio dos agentes financeiros são fatores fundamentais para a determinação da taxa de câmbio, por vezes mais relevantes que variáveis reais, como o comércio externo, o crescimento econômico etc. Quando subordinada à lógica da acumulação e valorização de ativos, a formação da taxa de câmbio fica sujeita às convenções de mercado, à alocação de portfólio dos agentes e aos ciclos de liquidez. Decorre daí o processo de "financeirização das taxas de câmbio", que definimos como um processo de subordinação das trajetórias cambiais às decisões de portfólio dos agentes financeiros.

Como consequência desse processo, tem-se que os movimentos cambiais não obedecem aos fundamentos usualmente apontados como aqueles que guiam a taxa de câmbio de equilíbrio, como o equilíbrio do setor externo, a paridade do poder de compra e os diferenciais de competitividade. Nesse sentido, a financeirização das taxas de câmbio gera um descolamento recorrente, e por vezes sistemático, da trajetória das taxas de câmbio em relação aos fundamentos econômicos.

Há, contudo, por detrás do arbítrio dos mercados financeiros e de sua relativa autonomia em relação à esfera real, algumas considerações gerais sobre como as finanças interferem na dinâmica das taxas de câmbio. Seguindo De Conti, Biancarelli e Rossi (2013), propõem-se três elementos que condicionam os movimentos das taxas de câmbio no atual contexto histórico de globalização financeira; são eles:

a. a hierarquia de moedas no plano internacional,

b. o ciclo de liquidez internacional e

c. o *carry trade*.

a. A hierarquia de moedas no plano internacional

No plano internacional, as transações financeiras e comerciais estão concentradas em poucas moedas nacionais privilegiadas, como vimos no capítulo 4, em especial na seção 4.2. Esse uso desigual das moedas tem diversas consequências econômicas e caracteriza uma hierarquia monetária conforme descrito em trabalhos como os de Cohen (2004), Carneiro (2008), Prates (2005) e De Conti (2011).

A posição de uma moeda na hierarquia monetária tem efeito importante sobre o patamar da taxa de juros, uma vez que as diferentes unidades de conta conferem aos ativos um risco de preço particular associado a uma medida de liquidez que pode ser descrita como a facilidade com que essa moeda é convertida na moeda central do sistema (Carneiro, 2008). Assim, uma das vantagens do país emissor da moeda-chave está na demanda por seus títulos, que se torna mais inelástica aos juros na medida em que os agentes estrangeiros têm essa moeda como referência de reserva de valor. Um exemplo disso é a acumulação de reserva de divisas estrangeiras por parte dos governos nacionais que pouco reage aos movimentos das taxas de juros americana.[60] Para alguns, como Serrano (2002), o país detentor da moeda-chave pode incorrer em déficits externos permanentes, uma vez que seu passivo externo é composto de obrigações denominadas em sua própria moeda. Em última instância, as promessas de pagamento denominadas em dólar podem ser liquidadas com a emissão de papel-moeda ou títulos de dívida por parte do governo americano.

Nesse sentido, países centrais têm maior autonomia de política monetária e maior capacidade de sustentar déficits externos, uma vez que podem se financiar na sua própria moeda, enquanto os países periféricos, abertos financeiramente, estão sujeitos a maior restrição externa. Esses últimos emitem moedas que não cumprem todas as suas funções no plano internacional, em particular, essas moedas são incapazes de liquidar contratos e, portanto, exercer a função de meio de pagamento *off-shore*. Como consequência, o mercado para ativos nessas moedas tem menor liquidez e um maior risco associado, as taxas de câmbio tendem a ser mais voláteis, as taxas de juros mais altas:

Aside from asymmetries associated with international currencies, there is significant evidence that policies in the developing world can by no means be considered

---

[60] *"A majority of market participant, academics and policy makers believe that reserve accumulation may have contributed to abnormally low yields in mature economies."* ECB (2006:23).

entirely "autonomous". The most important issue in this regard is the fact that developing countries are expected to behave in ways that generate "credibility" to financial markets, which means that they are expected to adopt pro-cyclical (austerity) policies during crises. [Ocampo, 2001:11]

Do ponto de vista microeconômico, a hierarquia de moeda se expressa na escolha diferenciada de ativos por investidores internacionais que escolhem as diferentes moedas conforme seu apetite por risco e rentabilidade. Os ativos denominados nas moedas centrais tendem a oferecer uma menor rentabilidade associada também a um menor risco de preço enquanto as moedas periféricas estão associadas a um rendimento e um risco maior.[61]

Por fim, a hierarquia de moedas faz dos países emissores das moedas centrais o epicentro do ciclo de liquidez e a fonte de alavancagem para as operações de *carry trade*, conforme será descrito a seguir.

b. O ciclo de liquidez internacional

O ciclo de liquidez é um fenômeno monetário/financeiro que pode ser definido como a variação periódica das transações financeiras internacionais com etapas ascendentes e descendentes que condicionam a disponibilidade de financiamento no sistema internacional (Biancareli, 2007). A etapa ascendente do ciclo é caracterizada pelo otimismo dos agentes e nela se observa um aumento das transações entre residentes e não residentes em diferentes mercados financeiros, como os de ações, de *commodities* e de moedas. Já a reversão do ciclo é caracterizada pelo pessimismo e pela retração dessas transações. As etapas do ciclo têm efeito direto sobre o preço dos ativos negociados nos mercados internacionalizados: a fase ascendente é caracterizada por um aumento dos preços dos ativos de maior risco/menor liquidez e a fase descendente tem o efeito contrário. Dessa forma, as fases de "cheia" e "seca" exercem pressão de maneira distinta sobre os fluxos de capitais, as transações com derivativos, os preços de ativos em geral e as taxas de câmbio de países integrados ao sistema financeiro internacional.

---

[61] Aqui o risco de preço está associado principalmente à volatilidade da taxa de câmbio. De Conti (2011), por exemplo, mostra uma maior volatilidade das taxas de câmbio de países periféricos quando comparada à dos países centrais, para o período de 1994 a 2009.

Dois grupos de fatores podem ser apontados como motores do ciclo de liquidez. O primeiro deles é o patamar das taxas de juros básicas, determinadas pelos bancos centrais que emitem as principais moedas do sistema. As baixas taxas de juros no centro do sistema funcionam como *push factors* e incentivam os agentes que transacionam nesses mercados a buscar rentabilidade em outras praças financeiras. Assim como as altas taxas de juros no centro têm o poder de "enxugar" a liquidez internacional. Nesse sentido, as decisões de política monetária nos países centrais têm impacto importante na alocação da riqueza global e na formação de passivos externos pela periferia do sistema. Nesse contexto, os países centrais são *business cycle makers* uma vez que geram choques reais e financeiros que são absorvidos pela periferia, caracterizada como *business cycle taker* (Ocampo, 2001).

O segundo fator determinante do ciclo de liquidez é a preferência pela liquidez dos agentes no plano internacional. O emprego desse termo segue a conceituação de Keynes (1992) e das contribuições pós-keynesianas, como Chick (2010), Davidson (1972) e Carvalho (1992). Nessa leitura, a escolha dos agentes entre demandar moeda ou outros ativos ocorre em um ambiente econômico de incerteza. Com isso, a interação entre os agentes forma convenções ou estados de confiança — otimistas ou pessimistas — que guiam a lógica de atuação dos mesmos:[62] "Com a noção de 'convenção', a previsão mais provável adquiriria status de entidade coletiva. O estado de confiança e o caráter convencional da avaliação tornar-se-iam, assim, a base de determinação das previsões econômicas" (Miranda, 2003:104).

Nesse sentido, um aumento da preferência pela liquidez engendra uma mudança na composição do portfólio dos agentes que, de forma mimética e generalizada, se livram de ativos menos líquidos e passam a demandar os ativos mais líquidos.[63]

Considerando a hierarquia de moeda e o ciclo de liquidez no plano internacional, tem-se que a fase descendente do ciclo de liquidez corresponde a um aumento contínuo da preferência pela liquidez e se manifesta na busca de ativos denominados nas principais moedas do sistema, enquanto baixa

---

[62] "O estado de confiança, que é o termo comumente empregado, constitui uma matéria a qual os homens práticos dedicam a mais cuidadosa e desvelada atenção" (Keynes, 1992:124).

[63] A preferência pela liquidez, tal como proposta por Keynes, pode ser interpretada como uma teoria da taxa de juros, ou de precificação dos ativos, conforme discutido em Carvalho (1992).

preferência pela liquidez expande os investimentos para ativos em moedas periféricas (De Conti, 2011). O ponto a ser ressaltado é que a disponibilidade de financiamento externo para países periféricos é condicionada pelos fatores externos, como as condições monetárias nos países centrais e o estado de confiança dos investidores internacionais.

Um aspecto importante da mecânica do ciclo de liquidez é que este não se restringe a um processo de alocação de ativos financeiros, mas também de formação de passivos. Na fase cheia do ciclo, o endividamento nos mercados de créditos ou a alavancagem dos mercados de derivativos permitem a criação de liquidez nova no sistema, que acompanha a inflação de preços dos ativos existentes. Enquanto na crise a liquidação das dívidas e a desalavancagem geram uma destruição da liquidez no sistema, o que, por sua vez, provoca a queda no preço dos ativos. As consequências desse processo podem ser sistematizadas nos termos de Minsky (1986), em que os investidores são unidades de balanço cuja formação das estruturas de passivos e ativos é extremamente relevante para o ciclo econômico. Com a mediação do *carry trade* pode-se qualificar com mais propriedade o impacto do ciclo de liquidez sobre as taxas de câmbio.

c. O carry trade

No mercado de moedas, o *carry trade* é um dos principais mecanismos de transmissão do ciclo de liquidez para as taxas de câmbio. Tal como descrito no capítulo 3, essa estratégia consiste em um investimento intermoedas onde se forma um passivo (ou uma posição vendida) na moeda de baixas taxas de juros e um ativo (ou uma posição comprada) na moeda de juros mais altos. É, portanto, um investimento alavancado que implica descasamento de moedas.

A generalização desse tipo de operação confere características específicas à dinâmica das taxas de câmbio. A alavancagem e o descasamento entre essas duas estruturas conferem a esse tipo de investimento um caráter especulativo e extremamente instável. Quando ocorre aumento da preferência pela liquidez no plano internacional, as taxas de câmbio que são alvo das operações do *carry trade* se depreciam com mais vigor do que as demais (Rossi, 2010). Nesses momentos, os agentes somam prejuízos decorrentes da depreciação dos ativos (investimentos em moedas de altos juros) e apreciação dos passivos (empréstimos em moedas de baixo juros) e forçam a zeragem de posições a qualquer custo, o que leva a uma rápida depreciação da moeda alvo do *carry trade* em relação à moeda onde o agente se financiou.

Dois trabalhos publicados pelo BIS, Kohler (2010) e McCauley e McGuire (2009), apresentaram uma relação positiva entre o nível de taxa de juros e a depreciação cambial na crise de 2008. O diagnóstico dos autores aponta o *carry trade* como motivo para tal relação, ou seja, as economias associadas a uma maior taxa de juros atraíram mais investimentos que exploram diferenciais de juros de curto prazo antes da crise; logo, sofreram uma pressão maior com a reversão dos mesmos. No momento de crise, a velocidade dessa reversão condiz com o fato de a estratégia de *carry trade* ser altamente alavancada e reversível em situações de risco.

De fato, os países que mais apreciaram suas moedas antes da crise foram aqueles que mais depreciaram durante os meses mais agudos de crise. Foi o caso do Brasil (em torno de 20% de apreciação entre agosto de 2006 e agosto de 2008, e 41% de depreciação entre setembro de 2008 e março de 2009), da Hungria (24% e 44%) e da Turquia (19% e 42%). Aparentemente, o único denominador comum entre essas economias foi o alto patamar da taxa de juros.

Para Kohler (2010) e McCauley e McGuire (2009), a crise proporcionou uma desalavancagem generalizada do sistema financeiro, onde os capitais aplicados em ações e nas operações de *carry trade* retornam às origens, gerando queda nos índices de bolsa e depreciação das moedas-alvo do *carry trade*. Ou seja, a reversão dos fluxos de *carry trade* contribui para a depreciação de um conjunto de moedas em relação ao dólar americano, mas também para a apreciação de outras moedas *funding*, como o iene e o franco suíço.[64]

Nesse sentido, em um movimento pendular, as operações de *carry trade* tendem a apreciar as moedas com altas taxas de juros durante a fase ascendente do ciclo de liquidez e depreciá-las na fase de reversão. O detalhe importante é que esse movimento tende a ocorrer de forma assimétrica: o processo de otimismo que caracteriza a expansão da liquidez internacional

---

[64] A valorização do iene em relação ao dólar foi de 10%, entre as taxas médias de agosto de 2008 a maio de 2009.

ocorre de forma mais gradual, enquanto as reversões de humor são usualmente mais abruptas.

Por fim, as operações de *carry trade* destacam uma característica importante do ciclo de liquidez: esse não constitui apenas um processo de alocação de ativos, mas também de formação de passivos. A fase de cheia do ciclo é caracterizada pela formação de passivos e a inflação de ativos, como moedas, ações e *commodities*, enquanto a crise constitui um processo de redução de passivos e deflação de ativos. Trata-se, portanto, de um fenômeno monetário de criação e destruição de liquidez.

2. CICLOS DE LIQUIDEZ DA GLOBALIZAÇÃO

Conforme o trabalho de Biancarelli (2007), pode-se apontar dois ciclos de liquidez da globalização distintos, anteriores à crise de 2008. O primeiro deles corresponde ao primeiro ciclo de liquidez da globalização e coincide com o processo de abertura financeira dos países periféricos.[65] A fase cheia desse ciclo tem fim com a crise asiática de 1997 que se propagou pelos países em desenvolvimento e teve como efeito um longo período de aversão ao risco dos investidores internacionais e a consequente seca na liquidez internacional. A reversão desse ciclo também deixou como legado uma mudança de postura dos países periféricos ante os períodos de excesso de liquidez global. A exaltação dos benefícios da globalização financeira e do crescimento com poupança externa deu lugar a um discurso e prática mais cautelosos. Diante disso, na retomada da liquidez internacional, a partir de 2003, observa-se uma mudança na postura dos países periféricos, que passam a acumular reservas como forma de seguro contra crises financeiras como aquelas que encerraram o primeiro ciclo de liquidez.

A figura 5 apresenta uma medida do ciclo de liquidez dada pela soma dos influxos de capitais para 30 países emergentes,[66] ponderada pelo pro-

---

[65] Neste trabalho, define-se globalização como um período histórico caracterizado pelo aumento dos fluxos de comércio e financeiros e também por um conjunto de mudanças qualitativas, como a liberalização financeira e a desregulamentação. A globalização se apresenta para a maior parte dos países em desenvolvimento no início dos anos 1990.

[66] Por influxos de capitais considera-se a entrada líquida de capitais de não residentes, tanto fluxos de dívidas como de portfólio, portanto a retirada de recursos desses agen-

duto dessas economias, fazendo uso dos dados do Institute of Internacional Finance (IIF).[67]

Figura 5
CICLOS DE LIQUIDEZ INTERNACIONAL PARA PAÍSES EMERGENTES

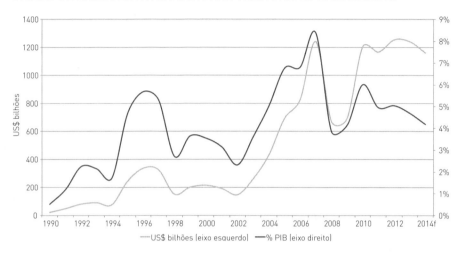

Fonte: Institute of International Finance (IIF). Elaboração própria.

Para a caracterização qualitativa dos ciclos de liquidez deve-se considerar os *push factors*, que se referem aos elementos que expandem os ciclos de liquidez a partir do centro do sistema, e os *pull factors*, caracterizados como os elementos de atração de liquidez pela periferia do sistema.

A crise financeira de 2008 provocou um episódio típico *sudden stop*, ou de fuga para liquidez no sistema financeiro internacional. Esse fenômeno deve ser entendido como a busca por ativos de maior qualidade, mas também como uma desalavancagem generalizada nos sistemas de crédito e nos mercados de derivativos. Trata-se de um processo de liquidação de ativos e

---

tes é considerada enquanto o movimento de capitais dos residentes não é considerado. A amostra do IFF compreende os seguintes 30 países emergentes: Argentina, Brasil, Bulgária, Chile, China, Colômbia, República Tcheca, Equador, Egito, Hungria, Índia, Indonésia, Coreia do Sul, Líbano, Malásia, México, Marrocos, Nigéria, Peru, Filipinas, Polônia, Romênia, Rússia, Arábia Saudita, África do Sul, Tailândia, Turquia, Ucrânia, Emirados Árabes, Venezuela.

[67] Para uma discussão sobre as medidas de ciclo de liquidez, ver Biancarelli (2007).

passivos nos mercados de crédito e de posições vendidas e compradas nos mercados de derivativos que consequentemente gera a destruição de liquidez no sistema. Assim, se poderia prever um longo período de contração da liquidez global em decorrência da crise, tal como no final dos anos 1990. Mas não foi isso o que ocorreu.

Dois fatores podem ser apontados como responsáveis pela rápida retomada da liquidez internacional no pós-crise. O primeiro tem relação com a natureza da resposta dos países centrais à crise financeira, que foi fundamentalmente monetária, por meio da injeção de liquidez no sistema e da manutenção das taxas de juros em níveis extremamente baixos, para assim estimular a economia. Apesar do modesto resultado em termos de crescimento doméstico, essa estratégia contribuiu para a retomada da liquidez internacional.

Um segundo condicionante foi a estagnação dos países centrais e a acentuação dos diferenciais de taxa de crescimento em relação à periferia do sistema. As perspectivas de baixo crescimento no médio prazo combinadas com crédito farto geraram um excesso de liquidez em mercados financeiros como *commodities* e ações e em mercados de câmbio de países com altas taxas de juros. O resultado, no campo da política, foi o acirramento das tensões internacionais em torno de uma "guerra cambial" assim como a retomada de uma agenda de discussão multilateral de governança global, em torno do G20 e da reformulação do FMI e Banco Mundial. Essa liquidez global passa a refluir a partir de 2010.

3. CICLO DE LIQUIDEZ E TAXA DE CÂMBIO: ALGUMAS EVIDÊNCIAS

Conforme a discussão da seção 1 deste capítulo, o ciclo de liquidez pode ter um impacto importante na direção do movimento cambial das moedas periféricas e a sensibilidade da variação dessas moedas ao ciclo de liquidez depende do grau de abertura e do patamar de taxa de juros.

A figura 6 apresenta o ciclo de liquidez entre 2003 e 2014, medido conforme o indicador influxos de capitais/PIB transformado em índice com base 100 em 2003. Nesse gráfico, observam-se fortes oscilações do ciclo de liquidez que representam as variações no volume dos influxos (3,6%, 8,4% e 3,8% do PIB dos 30 países emergentes respectivamente em 2003, 2007 e 2008). Já o movimento da taxa de câmbio real/dólar oscila conforme as tendências da liquidez internacional. Entre 2003 e 2007 a taxa de câmbio média apreciou 36% e após a depreciação gerada pela crise de 2008 volta a acompanhar a retomada da liquidez internacional em um movimento de apreciação até 2011, quando passa para uma trajetória de depreciação que também segue a tendência do ciclo de liquidez.

Figura 6
CICLO DE LIQUIDEZ E A TAXA DE CÂMBIO MÉDIA DÓLAR/REAL (2003=100)

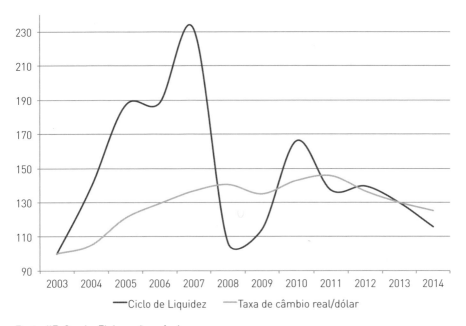

Fonte: IIF, Oanda. Elaboração própria.

Em uma comparação com outras taxas de câmbio de moedas emergentes, o real não é exceção uma vez que outras moedas também seguem a dinâmica do ciclo de liquidez. A figura 7 apresenta índices, com base 100 no primeiro trimestre de 2005, para o ciclo de liquidez e seis taxas de câmbio emergentes. A análise gráfica evidencia uma forte correlação entre essas taxas de câmbio e os movimentos da liquidez internacional. A exceção cabe à moeda chinesa, que apresenta trajetória própria independente do indicador de liquidez. Isso se deve, naturalmente, à administração da taxa de câmbio pelo governo chinês e ao menor grau de abertura financeira dessa economia.

Figura 7
CICLO DE LIQUIDEZ E TAXAS DE CÂMBIO SELECIONADAS COM O DÓLAR
(1º TRI 2005=100)

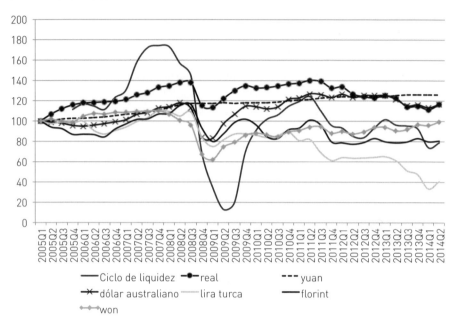

Fonte: IIF, Oanda. Elaboração própria.

A partir dessa análise exploratória, pode-se deduzir que a sensibilidade das moedas ao ciclo de liquidez depende essencialmente 1) do grau de abertura financeiro e o ambiente institucional e 2) do grau de atratividade/rentabilidade das aplicações. Ou seja, países com um baixo grau de abertura financeira com rígidos controles de capitais e mercados de capitais pouco desenvolvidos tendem a sofrer um impacto menor do ciclo de liquidez. E países com altas taxas de juros e de lucros tendem a atrair mais capital no período de cheia do ciclo econômico enquanto na baixa do ciclo econômico esses países tendem a sofrer mais com fugas de capitais.

O Brasil reúne simultaneamente as duas características citadas, ou seja, um ambiente institucional que favorece a entrada de investimentos e uma taxa de juros muita alta para padrões internacionais.

RESUMO E CONCLUSÕES

- A hierarquia de moedas no plano internacional faz dos países emissores das moedas centrais o epicentro do ciclo de liquidez e a fonte de alavancagem para as operações de *carry trade*.
- O ciclo de liquidez é um fenômeno monetário/financeiro que pode ser definido como a variação periódica das transações financeiras internacionais.
- Dois grupos de fatores podem ser apontados como motores do ciclo de liquidez. O primeiro deles é o patamar de taxas de juros nas moedas centrais, uma vez que as baixas taxas de juros no centro do sistema funcionam como *push factors* e incentivam os agentes financeiros que transacionam nesses mercados a buscar rentabilidade em outras praças financeiras.
- O segundo fator determinante do ciclo de liquidez é a preferência pela liquidez dos agentes no plano internacional; um aumento da preferência pela liquidez engendra uma mudança na composição do portfólio dos agentes que, de forma mimética e generalizada, se livram de ativos menos líquidos e passam a demandar os ativos mais líquidos.
- Um aspecto importante da mecânica do ciclo de liquidez é que ele não se restringe a um processo de alocação de ativos financeiros, mas também de formação de passivos.
- No mercado de moedas, o *carry trade* é um dos principais mecanismos de transmissão do ciclo de liquidez para as taxas de câmbio. Em um movimento pendular, as operações de *carry trade* tendem a apreciar as moedas com altas taxas de juros durante a fase ascendente do ciclo de liquidez e depreciá-las na fase de reversão.

Parte III

A taxa de câmbio e a política cambial no Brasil

CAPÍTULO 6

O MERCADO DE CÂMBIO BRASILEIRO[68]

A formação da taxa de câmbio decorre da interação entre os agentes econômicos no âmbito de uma institucionalidade que delimita o mercado de câmbio de cada país. Diante disso, este capítulo visa discutir especificidades do mercado de câmbio brasileiro e de seu ambiente regulatório para, a partir dessas, entender a formação da taxa de câmbio no Brasil. Parte-se da análise das características do mercado primário e, em seguida, agregam-se os elementos que compõem a totalidade do mercado de câmbio da moeda brasileira: o mercado interbancário, o mercado de derivativos *onshore* e o mercado *offshore*. Essa caracterização procura atentar para a articulação entre os diferentes segmentos do mercado de câmbio brasileiro e é complementada com uma descrição estatística de cada mercado na última seção, que apresenta um retrato do mercado de câmbio no Brasil com as estatísticas disponíveis.

1. O MERCADO PRIMÁRIO

Uma primeira observação sobre o mercado de câmbio brasileiro é a ausência de contas denominadas em moeda estrangeira, salvo exceções pouco significativas em termos de volume negociado.[69] Dessa forma, a maioria das operações de câmbio é liquidada, na ponta da moeda estrangeira, por meio de transferência entre contas no exterior. A exceção é o *câmbio manual*, re-

---

[68]   Este capítulo baseia-se em Rossi (2014a).

[69]   Entre as exceções permitidas estão embaixadas e organismos internacionais e as empresas seguradoras ligadas aos setores do comércio externo. O uso dessas contas em dólar *onshore*, no entanto, é muito restrito.

levante para conta de viagens internacionais, o que implica a circulação física de divisas estrangeiras. Dessa forma, as compras e vendas de dólares no mercado *onshore* ocorrem, em sua maioria, por movimentações em contas no exterior e, a rigor, não há entradas e saídas significativas de divisas do país, mas uma variação dos ativos e passivos em moedas estrangeiras dos residentes que participam do mercado.

No Brasil, diferentemente de outros países, as operações com divisas estrangeiras devem ser formalizadas em *contratos de câmbio* e realizadas por intermédio das instituições autorizadas a operar no mercado de câmbio pelo Banco Central.[70] O conjunto de contratos de câmbio realizados entre residentes e não residentes compõe o *mercado primário de câmbio* e, em um dado período, esses contratos definem o conceito de *fluxo cambial contratado*. Essas operações contemplam, por exemplo, a venda de divisas de receitas de exportações, a compra de divisas para uma importação, a compra e venda de divisas para turismo ou investimentos no Brasil e no exterior etc.

Seguindo a caracterização de Akyüz (1993), há três graus de abertura financeira: no primeiro os residentes podem captar recursos (formar passivos) no exterior e os não residentes podem trazer recursos (formar ativos) no país. No segundo grau de abertura, os residentes podem enviar recursos para o exterior (formar ativos) e os não residentes podem captar recursos no país (formar passivos). Já o terceiro grau de abertura é o da conversibilidade interna da moeda, quando a moeda estrangeira pode ser usada para pagamentos e relações de débito e crédito no âmbito doméstico. A liberalização financeira no Brasil avançou até o segundo grau dessa caracterização.[71] Ou seja, não há limites para a movimentação de divisas entre residentes e não residentes. Os primeiros podem captar livremente divisas no exterior assim como converter reais em divisas e enviar os recursos para fora. Contudo não é permitido o uso da moeda estrangeira para relações de débito e crédito no

---

[70]　As operações de câmbio realizadas pelas instituições autorizadas devem ser formalizadas em contratos de câmbio e registradas no Sisbacen com identificação completa da operação, o que inclui a identificação das partes, a natureza da operação e a taxa de câmbio. O Sisbacen é o sistema de informações do Banco Central caracterizado por um conjunto de recursos de tecnologia da informação, interligados em rede, utilizado na condução de seus processos de trabalho.

[71]　Pode-se dizer que o Brasil não completou o segundo grau de abertura financeira por conta das dificuldades impostas aos não residentes para formação de passivos.

âmbito doméstico entre residentes, com exceção das instituições autorizadas pelo Banco Central.[72]

Tampouco o não residente está sujeito a restrições quantitativas, mas a movimentação dos recursos desse agente depende de abertura de uma conta especial: a chamada *"conta 2689"*.[73] Os recursos dessa conta podem ser movimentados entre diferentes modalidades de aplicações (de investimento em portfólio para investimento direto e vice-versa, ou de empréstimos em investimento etc.) sem a necessidade de um novo contrato de câmbio. Não há, portanto, um "controle de informações" sobre o paradeiro do investimento estrangeiro que já ingressou no país.[74]

As operações do mercado primário devem passar pela intermediação dos bancos, uma vez que os agentes primários não são autorizados a negociar divisas diretamente entre si.[75] Ao atender a demanda por liquidez dos agentes primários, os bancos acumulam posições em divisas estrangeiras. A *posição de câmbio* de um banco é o resultado líquido de suas operações no mercado de câmbio à vista e para entrega futura (em ambos os casos com entrega física de moedas), apurado em dólares, acrescido ou diminuído da posição do dia anterior (BCB, 2003). Ela pode ser "comprada" quando as compras acumuladas em moeda estrangeira são maiores do que as vendas, e "vendida" quando o total de compras é menor que o total de vendas, e nivelada quando há equilíbrio nessa relação. Destaca-se que o acúmulo de posições de câmbio no Brasil é uma prerrogativa dos bancos que só é possível por intermédio de um recurso institucional que consiste em uma linha de negociação de divi-

---

[72] Biancareli (2010) faz uma análise da evolução da abertura financeira brasileira até 2009, partindo da caracterização de Akyüz (1993).

[73] Em alusão à resolução do Banco Central 2.689, de janeiro de 2000, que permite aplicações dos estrangeiros nos mercados de derivativos, ações e renda fixa sem restrições quanto ao tipo de operação e sem limite de posição. Para uma retrospectiva histórica das transformações do mercado de câmbio brasileiro e da abertura financeira da conta de capital, ver Prates (2015).

[74] Com a introdução do IOF (Imposto sobre Operações Financeiras) sobre fluxos financeiros, passou-se a exigir um contrato de câmbio simbólico para modificação da modalidade do investimento dos estrangeiros e a eventual aplicação do IOF.

[75] "Diversas outras instituições financeiras e não financeiras — como corretoras e distribuidoras, agências de turismo, etc. — estão autorizadas a operar no mercado de câmbio com clientes, porém sem autorização para manter posições em aberto. As corretoras de câmbio desempenham um papel auxiliar, destinado a facilitar as transações no mercado interbancário" (Souza e Hoff, 2006:20).

sas no mercado interbancário internacional que prescinde da contratação de câmbio: as operações de linha.[76]

As *operações de linha* são canais de financiamento em dólar dos bancos domésticos com bancos no exterior, geralmente sucursais. O saque e o pagamento dessas linhas não envolvem conversão de recursos entre reais e dólares e são as únicas operações de câmbio entre residentes e não residentes que não exigem contrato de câmbio, logo não constam no fluxo cambial. Os recursos captados pelas linhas só alteram a posição de câmbio dos bancos quando são convertidos em reais, ou seja, são vendidos no mercado primário ou para o Banco Central (nesses casos com contrato de câmbio).

Essas operações de linha também são usadas pelos bancos para o envio de recursos ao exterior. Ou seja, quando o banco compra divisas no mercado primário (que impacta negativamente o fluxo cambial e positivamente a posição dos bancos) ele envia os recursos para contas no exterior sem a necessidade de outro contrato de câmbio, portanto, sem passar novamente pelo fluxo cambial. Nesse sentido, no que se refere ao câmbio contratado, os bancos podem "vender câmbio" sem antes "comprar câmbio", e vice-versa, e assim acumular posições compradas ou vendidas.

Vale destacar que a separação entre o fluxo cambial e a posição de câmbio dos bancos é uma consequência contábil da existência das operações de linha já que, se não existisse esse canal institucional, toda e qualquer transação bancária internacional exigiria contrato de câmbio e passaria pelo fluxo cambial. Além disso, há implicações práticas decorrentes dessa separação, por exemplo, quando o banco vende dólar no mercado à vista com recursos de linha, seja para o mercado ou para o Banco Central, ele fica isento de eventuais controles de capitais.[77]

As exportações são um segundo tipo de operação entre residentes e não residente que também pode prescindir de contrato de câmbio. De acordo com a legislação atual, as *receitas de exportação* podem ser integralmente recebidas no exterior.[78] Quando isso ocorre, não há contratação de câmbio, portanto, não há alteração no fluxo cambial até que o exportador decida

---

[76]   Também conhecidas no mercado como *linha clean* ou *linha intercompany*.

[77]   O fator gerador de IOF é o contrato de câmbio, por isso há dificuldades técnicas para a aplicação do imposto.

[78]   Até agosto de 2006 havia exigência do ingresso de 100% do valor das exportações. A partir dessa data a Receita Federal permitiu aos exportadores manter 30% das receitas no exterior (Lei nº 11.371). A Resolução nº 3.548, de 2008, do Conselho Monetário

internalizar sua receita, que será contabilizada no fluxo cambial, não mais como exportação, mas como um fluxo financeiro.

2. O MERCADO INTERBANCÁRIO

Quando um banco vende ou compra divisas além do desejado, ele procura outro banco para ajustar sua posição de câmbio. O *mercado interbancário*, ou secundário onde as posições de câmbio dos bancos residentes são niveladas. Ou ainda, é o lócus da negociação do estoque de divisas entre as instituições que podem carregar posições de câmbio. Vale dizer que a posição de câmbio pode ser ajustada no mercado interbancário entre cada banco individualmente, mas não para o agregado do sistema bancário. No Brasil, a maior parte das operações do interbancário ocorre na *clearing* de câmbio da BM&F.[79]

No Brasil, não há limites para a posição vendida ou comprada dos bancos. Entretanto, em julho de 2011, o Banco Central instituiu o recolhimento de compulsório sobre a posição vendida dos bancos superiores a US\$ 1 bilhão ou, para bancos menores, limites inferiores a esse valor, ponderados pelo patrimônio de referência.[80] Essa medida gerou um ajuste de posição do sistema bancário que resultou na compra líquida de câmbio pelo sistema bancário. Esse tipo de ajuste pode ocorrer tanto de forma passiva, quando os bancos absorvem as divisas de agentes do mercado primário, como por meio da captação direta de recursos no exterior pelos bancos, principalmente via emissão de *eurobonds* que, diferentemente das operações de linha, são operações do mercado primário, exigem contrato de câmbio e, portanto, aumentam a posição comprada dos bancos e constam no fluxo cambial.

Nacional, permitiu que os exportadores mantenham no exterior 100% das receitas auferidas com suas exportações.

[79] O Banco Central não divulga dados sobre o volume das negociações do interbancário, mas informações de entrevista sustentam que a *clearing* da BM&F representa entre 90 e 95% das operações desse mercado.

[80] Ver Circular nº 3.548, de julho de 2011. A medida anterior, Circular nº 3.520, de 6 de janeiro de 2011, estabelecia o valor de US\$ 3 bilhões como limite. O Banco Central também já adotou medida que onera a posição comprada dos bancos (acima de US\$ 5 milhões), em 1997, quando o regime cambial brasileiro estava sendo questionado pela queda no montante de reservas e pelas crises no *front* externo (ver Circular nº 2.787). Para Garcia e Urban (2004), a restrição à posição comprada dos bancos não surte efeito em tempos de crise, uma vez que é preferível depositar dólares sem remuneração e ganhar com a desvalorização cambial.

A posição dos bancos, assim como os fluxos de divisas, pode ser extremamente relevante para a formação da taxa de câmbio. Considerando apenas os mercados primário e interbancário de câmbio e descartando a intervenção do Banco Central nesses mercados, a cotação da taxa de câmbio depende de duas variáveis:

1) Do fluxo cambial líquido.

2) Da vontade dos bancos em manter ou variar sua posição cambial.

Ao considerar somente a primeira variável, a taxa de câmbio resulta da interação entre oferta e demanda por divisas decorrentes das relações comerciais e financeiras da economia brasileira com o exterior. Porém, considerando a segunda variável, a vontade dos bancos em variar seu estoque de divisas é um fator relevante na formação da taxa de câmbio. Pode haver situações em que a entrada líquida de dólares é importante, mas o real se deprecia já que os bancos querem aumentar a posição comprada em dólares. Ou seja, os dólares do mercado são disputados pelos bancos que oferecem preços melhores pela moeda americana para os agentes primários e no interbancário, o que deprecia o real. A situação oposta ocorre quando não há fluxo positivo de divisas, mas os bancos querem se livrar de posições compradas em dólar ou aumentar sua posição vendida. Nesse caso, seguindo raciocínio homólogo, a taxa de câmbio do real se aprecia. O ponto relevante — e por vezes não identificado em análises econômicas — é que o movimento da taxa de câmbio não está necessariamente ligado ao fluxo de câmbio.

Sobre essa questão, há uma analogia possível com a discussão de Keynes (1971a) sobre a circulação financeira e as tendências altistas (*bull*) e baixista (*bear*). A análise do autor, voltada para qualquer mercado de ativos, põe em relevo a importância dos estoques na determinação do preço dos ativos. Ao trazer essa discussão para o mercado de câmbio brasileiro, destaca-se que o mercado interbancário, apesar de não envolver fluxos efetivos de divisas, sensibiliza a taxa de câmbio. Ou seja, a troca de posição entre os bancos — que implica a negociação dos estoques de divisas — e não apenas o fluxo de divisas tem impacto importante na formação da taxa de câmbio real/dólar.

No mercado interbancário também ocorrem contratações de câmbio em que o Banco Central está em uma das duas pontas: são as chamadas *intervenções do Banco Central*. A relação entre as intervenções do Banco Central, a posição dos bancos e o fluxo cambial é dada pela equação (1), onde FC_t é o fluxo cambial contratado no período t, IBC_t são as intervenções do Banco

Central no mercado à vista no período t decorrentes de compras e vendas no mercado, ΔPB_t é a variação da posição comprada em dólares dos bancos no período t e Aj_t é uma variável de ajustes.[81]

$$(1) \qquad FC_t = IBC_t + \Delta PB_t + Aj_t$$

As compras e vendas do Banco Central são realizadas no mercado interbancário, e, portanto, têm impacto direto na posição dos bancos e nas reservas cambiais do Banco Central, mas não passam diretamente pelo fluxo cambial. No limite, o fluxo cambial contratado pode ser zero, mas a posição vendida dos bancos pode aumentar com vendas de dólar dos bancos para o Banco Central. Ou ainda, caso a autoridade monetária compre mais dólares do que o fluxo cambial, por exemplo, a posição vendida dos bancos necessariamente aumentará. Nesse sentido, acúmulo de posição de câmbio à vista pelos bancos, vendida ou comprada, ocorre de forma passiva e isoladamente não representa uma estratégia especulativa por parte dos mesmos:

> É importante insistir no ponto acima pois há uma visão difundida, que frequentemente aparece na imprensa especializada, de que os bancos aumentam suas posições compradas quando há uma expectativa de desvalorização cambial. A ação dos bancos, diante de uma expectativa de desvalorização (ou de valorização), se reflete muito mais numa variação de preços (da taxa de câmbio), do que nas suas posições compradas. [Souza e Hoff, 2006:23]

Vale atentar para o papel dos bancos no mercado de câmbio: por um lado eles assumem uma posição passiva de atender a demanda e oferta de divisas estrangeiras no mercado primário, tendo sua posição de câmbio agregada alterada pela decisão dos clientes. Por outro, eles têm um papel fundamental na determinação da taxa de câmbio uma vez que eles precificam a moeda de acordo com sua estratégia referente à sua posição de câmbio. Ou seja, o ajuste de preço (leia-se da taxa de câmbio) é um instrumento dos bancos para tentar dissuadir (incentivar) clientes e outros bancos a efetuar uma operação de compra (venda) indesejável (desejável). Já o significado da posição de

---

[81] Os ajustes referem-se a alguma operação de câmbio desfeita, ou seja, contratada, mas não liquidada.

câmbio à vista deve ser analisado em conjunto com a posição de câmbio no mercado de derivativos.

BOXE: ATUAÇÃO DO TESOURO NACIONAL NO MERCADO DE CÂMBIO

Tradicionalmente, o Tesouro Nacional atua no mercado de câmbio para absorver recursos para pagamentos de dívida externa. A legislação atual permite ao Tesouro antecipar esses recursos em moedas estrangeiras no valor das dívidas que vencem em até quatro anos.[82] A forma de atuação no mercado pode ser por emissão de títulos no exterior (esses podem ser vendidos diretamente ao Banco Central ou para o próprio mercado), ou, ainda, o Tesouro pode comprar divisas diretamente no mercado em negociações bilaterais com bancos escolhidos (diferentemente dos leilões do Banco Central). Como o Tesouro não acumula posição de câmbio, toda contração é registrada em contratos de câmbio e contabilizada no fluxo cambial como câmbio financeiro. Já a liquidação é registrada nas notas para imprensa do Banco Central e as vendas para o Banco Central das captações das contratações do Tesouro são contabilizadas à parte no demonstrativo de reservas da instituição. Tampouco no balanço de pagamentos há uma separação das operações do Tesouro daquelas de mercado; nesse contexto, o trabalho de Prates (2009) apresenta uma análise contábil alternativa que inclui as operações do Tesouro no resultado do balanço de pagamentos. Com a criação do Fundo Soberano, em 2008, o Tesouro Nacional obteve permissão legal para uma atuação mais ampla no mercado de câmbio, não restrita aos prazos de vencimentos de dívidas.

3. O MERCADO DE DERIVATIVOS DE CÂMBIO

O *mercado de derivativos* de câmbio tem a importante função de fornecer *hedge* para os agentes do sistema. Para o setor bancário, isso permite o acúmulo de posições à vista sem exposição à variação cambial. Os bancos com posição vendida (comprada) em dólar no mercado à vista realizam operações de compra (venda) no mercado futuro em montante equivalente e, dessa forma, eliminam o risco de variação da taxa de câmbio.[83] O chamado "dólar casado" é uma operação em que o banco assume uma posição no mercado à vista e simultaneamente a posição contrária no mercado futuro gerando o *hedge* cambial. Dadas as restrições das negociações no mercado à vista, muitos bancos preferem fazer o *hedge* no mercado futuro em vez de ajustar posição no mercado interbancário:

---

[82] Resolução nº 3.911, de 5 de outubro de 2010. O limite anterior era de dois anos.

[83] O mercado de derivativos não se resume ao mercado futuro. O termo "futuro" será empregado no texto pelo fato de a ampla maioria das operações de derivativos de câmbio no Brasil ser realizada nesse mercado, como mostra a seção 5 deste capítulo.

O MERCADO DE CÂMBIO BRASILEIRO

Os participantes do mercado interbancário de câmbio passaram a privilegiar o mercado de derivativos para realizar suas operações indexadas à taxa de câmbio, deixando o mercado interbancário apenas para suprir suas necessidades em moeda estrangeira, para liquidar operações do mercado primário. [Garcia e Urban, 2004:12]

Há duas características particulares no mercado de derivativos de câmbio brasileiro. A primeira é que, ao contrário de outros países, os contratos efetuados no mercado de balcão devem ser registrados em instituições autorizadas, como a Cetip e a BM&F. Sem o registro essas operações não têm validade legal e, portanto, não podem ser questionadas na justiça (Dodd e Griffith-Jones, 2007).[84] Já a segunda característica é o tamanho do mercado futuro, que é desproporcionalmente maior do que o mercado de balcão quando comparado a outros países. Esse mercado se diferencia por sua transparência e pela divulgação das operações em sistema eletrônico. Para Prates (2009), a existência de um mercado futuro líquido de reais atrai investidores de ativos com características similares às da moeda brasileira:

Esse número recorde também está relacionado ao fato de alguns investidores globais utilizarem esses contratos como uma proxy de derivativos de moedas emergentes, que são altamente correlacionadas ao real (como a lira turca e o *rand* sul-africano), mas não possuem mercados de derivativos organizados líquidos e profundos. [Prates, 2009:267]

No mercado futuro não há contratos de câmbio uma vez que operações são liquidadas em reais, e, portanto, não há movimentação de divisas. Com isso, a legislação cambial que condiciona a negociação de divisas no mercado à vista não se aplica a esse mercado. Em 2000, os não residentes passaram a ter permissão para atuar no mercado futuro da BM&F. Desde então a atuação desses agentes tem sido importante no volume financeiro de dólar futuro. Entre 2006 e 2011, os estrangeiros representaram a categoria de agente que mais negociou contratos de dólar futuro, juntamente com os bancos do-

---

[84] "Mais recentemente, a Resolução nº 3.824, de 16 de dezembro de 2009, do CMN, estendeu a obrigatoriedade de registro pelas instituições financeiras aos derivativos contratados no exterior" (BCB, 2010:34).

mésticos. Para Kaltenbrunner (2010), a atuação dos *hedge funds* estrangeiros tem um papel de destaque nesse mercado: "*A large share of those interviewed declared that foreign institutional investors, primarily hedge funds, have become the most important investor group in driving exchange-rate dynamics in the Brazilian market*" (Kaltenbrunner, 2010:313).

Para os estrangeiros, a operação na BM&F depende da abertura de uma conta 2689 para constituição de margens de garantia para as operações.[85] Os recursos trazidos pelos estrangeiros para essa conta estão sujeitos a contrato de câmbio e incidência de IOF. Como forma de contornar a incidência de impostos tornaram-se comuns a abertura da conta e a tomada de empréstimos em reais com bancos domésticos ou o aluguel de títulos que servem como garantia na BM&F junto aos bancos.[86] No que se refere aos limites de exposição, eles não existem para os estrangeiros e residentes, com exceção dos bancos, enquadrados pelo acordo de Basileia II. Para esses últimos, a exposição cambial — medida pela soma líquida dos ativos sujeitos à variação cambial — é restrita a 5% do patrimônio de referência.[87]

Quando os mercados à vista e futuro estão perfeitamente arbitrados, as operações de dólar futuro tendem a replicar aquele das transações de crédito entre moedas. Conforme desenvolvido no capítulo 3, a venda de dólar futuro equivale a uma operação em que se toma empréstimo em dólar e se aplica em juros internos, enquanto a compra de dólar futuro é equivalente a tomar um empréstimo na moeda brasileira e aplicar em juros na moeda americana, nos dois casos com exposição à variação cambial.

A ligação entre os mercados à vista e de derivativos de câmbio ocorre pela arbitragem realizada principalmente pelos bancos.[88] O excesso de oferta de

---

[85]   A margem teórica máxima para um contrato de dólar futuro com vencimento em um mês foi de 20% em dois de julho de 2011. Segundo a BM&F, nessa mesma data, a composição das garantias depositadas para derivativos em geral era de 91% de títulos públicos federais, 4% de ações, 2,7 % de cartas de fiança e 0,8% em dinheiro. Outros ativos são aceitos como margem, entre eles o ouro, títulos privados e o dólar em espécie. Sobre a forma de operação da BM&F, ver em anexo.

[86]   A Resolução nº 3.910, de março de 2011, restringiu esse tipo de estratégia.

[87]   Diferentemente da posição cambial, a exposição cambial mede os ativos e passivos à vista e às obrigações a termo. Os bancos informam diariamente ao Banco Central sua exposição cambial em relação ao patrimônio de referência. A Circular nº 3.389 estabelece o limite de exposição e a Circular nº 3.444 regulamenta o cálculo do patrimônio de referência.

[88]   Esses agentes são responsáveis pela arbitragem entre esses dois mercados devido ao acesso privilegiado às taxas de financiamento do interbancário nacional e internacional, caracterizadas por serem as mais baixas do mercado.

O MERCADO DE CÂMBIO BRASILEIRO

dólares no mercado à vista (futuro) leva as instituições a comprarem dólares nesse mercado e venderem dólares no mercado futuro (à vista). O resultado da operação é um ganho sem risco cambial e um ajuste de preços nos dois mercados. Vale frisar que a operação de arbitragem não configura uma aposta direcional na moeda.

4. O MERCADO *OFFSHORE* DE REAIS

O *mercado de reais offshore* consiste no espaço de negociação de reais entre não residentes, em jurisdição estrangeira.[89] Esse mercado possui restrições estruturais dada a inconversibilidade da moeda brasileira.[90] Essa condição faz com que os reais negociados no exterior sejam liquidados em moeda estrangeira, logo, não há *clearing* em reais de contratos de câmbio fora do Brasil que exerça influência direta sobre o mercado de câmbio à vista. Dito isso, vale reforçar que a formação da taxa de câmbio à vista do real, diferentemente de moedas centrais do sistema, é um fenômeno exclusivamente *onshore*. Entretanto, isso não isenta o mercado *offshore* de reais de influência importante na formação da taxa de câmbio futura.

Os mercados *offshore* não existem isoladamente, há instituições que operam nesse mercado que mantêm vínculos constantes com o mercado *onshore*. A influência desse mercado na formação da taxa de câmbio depende do balanço de operações vendidas e compradas realizadas nessa jurisdição. Como propõem He e McCauley (2010), é importante distinguir o caráter simétrico ou assimétrico do uso de uma moeda *offshore*. No uso simétrico, os agentes comprados e vendidos em uma moeda se neutralizam e não há pressão desse mercado sobre a taxa de câmbio *onshore*. Já no uso assimétrico, o mercado *offshore* é sistematicamente mais usado para uma das pontas da operação: vendida ou comprada. Nesse último caso, as instituições que

---

[89] Nota-se que o conceito de mercado *offshore* empregado não se define pelo parâmetro geográfico. Os residentes no país que operam no exterior devem obedecer às prescrições da jurisdição brasileira. No caso de uma operação de NDF (Non Deliverable Forward) no exterior, entre um residente e um não residente, essa deve ser registrada em um órgão competente, e a rigor consiste em uma operação *onshore*.

[90] A exemplo de Carneiro (2008), consideramos como inconversibilidade o não desempenho das funções da moeda no âmbito internacional. Na prática, estamos nos referindo à inexistência do uso da moeda brasileira como meio de pagamento que liquida contratos *offshore*.

operam simultaneamente nos dois mercados ajustam suas posições de câmbio no mercado *onshore*, e com isso transmitem a pressão compradora ou vendedora para esse mercado. No caso brasileiro, essas posições são cobertas fundamentalmente na BM&F.

Para tornar mais claro o argumento, cabe uma ilustração da forma de operação de um banco *offshore*. Esse oferece um fundo com rendimento atrelado à moeda brasileira, ou um contrato de Non Deliverable Forward (NDF) em reais, a um cliente que fica vendido em dólares e comprado em reais enquanto o banco assume a ponta contrária. Logo, o cliente aufere diferencial de juros e ganha com a apreciação da moeda brasileira enquanto o banco paga o diferencial de juros e ganha com a depreciação do real. Para fazer *hedge* dessa operação, o banco recorre ao mercado *onshore* e vende dólares futuros na BM&F. A predominância de agentes com posições vendidas em reais no mercado *offshore* leva, portanto, a ajustes de posições no mercado *onshore* e transmite pressões para apreciação da taxa de câmbio do real.

Os mercados de câmbio *onshore* e *offshore* são arbitrados de acordo com distorções entre as curvas de juros do real nos dois mercados. A curva de juros do real *offshore* tende a estar abaixo da curva *onshore*, o que significa que o real é mais caro fora do que no Brasil. O motivo para tal são os custos e riscos que envolvem a operação como os impostos e o risco de fronteira. Os aumentos de IOF, que encarecem as captações externas, assim como o aumento do risco país tendem a encarecer o real *offshore*, reduzir os juros das aplicações em reais e assim desestimular a demanda por posições vendidas em reais.

5. RETRATO DO MERCADO DE CÂMBIO DO REAL

O mercado de câmbio brasileiro é um dos mais transparentes do mundo. A importância das operações dos mercados organizados e a obrigatoriedade de registro das operações de balcão facilitam a análise desse mercado, comparativamente à de outros países.[91] Com isso, pesquisas como esta usufruem de dados agregados sobre o mercado *onshore* e as autoridades monetárias têm acesso a todas as informações reportadas, o que pode tornar mais eficiente sua função

---

[91] *"Unlike other countries, the majority of inter-dealer trading is conducted through exchange trading. Also, unlike OTC markets in other countries, it is made more transparent by reporting requirements"* (Dodd e Griffith-Jones, 2007:4).

reguladora. Já o mercado de reais *offshore* é uma incógnita estatística. Uma das poucas pesquisas sobre esse mercado é a pesquisa trienal do BIS cuja última edição foi conduzida ao longo de abril de 2013.[92] Esses dados, juntamente com os dados da BM&F, Cetip e do Banco Central brasileiro, permitem retratar o mercado de câmbio brasileiro para abril de 2013, conforme a figura 8.[93]

Figura 8
MERCADO DE CÂMBIO DO REAL EM ABRIL DE 2013
(VOLUME FINANCEIRO DIÁRIO EM US$ BILHÕES)*

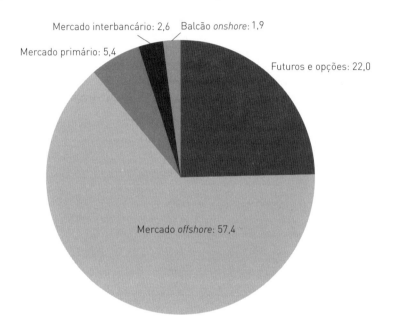

Fontes: BIS, BM&F, BCB, Cetip. Elaboração própria.
* Para o mercado interbancário considerou-se a negociação de dólar pronto na BM&F. Para o mercado de balcão considerou-se o balcão da BM&F e os registros da Cetip para contratos a termo.

---

[92] A *Triennial Central Bank survey of foreign exchange and derivatives market activity* é uma pesquisa coordenada pelo BIS conduzida a cada três anos desde 1989. Em 2013, 53 bancos centrais coletaram dados com 1.300 bancos e outros *dealers* (os chamados "*reporting dealers*"). Os dados são coletados ao longo de todo mês de abril e refletem todas as operações efetuadas nesse mês. Ver BIS (2013) para mais detalhes sobre a pesquisa.
[93] Evidentemente, a análise do mercado tomando como base um mês do ano não é a ideal e pode ser, inclusive, um ponto fora da curva. Não é o caso dos mercados *onshore* em que há disponibilidade de série de dados, mas nada garante que o mercado *offshore* tenha esse padrão de volume de negociação como apurado pelo BIS.

Uma leitura atenta dessa figura destaca três pontos principais que caracterizam o mercado de câmbio brasileiro:

1. A liquidez nos derivativos de câmbio é muito superior à do mercado à vista.

2. É característico do mercado de derivativos de câmbio brasileiro *onshore* o predomínio do mercado organizado em relação ao mercado de balcão.

3. O mercado *offshore* é extremamente importante.

Aos três pontos enumerados devem-se fazer algumas qualificações. Os mercados de derivativos (futuros e opções, balcão e *offshore*) são preponderantes em relação aos mercados à vista (mercados primário e interbancário). Entretanto, conforme argumentado na seção anterior, deve-se levar em consideração que muitas das operações feitas *offshore* são "cobertas" no mercado *onshore*, o que implica dupla contagem motivada pela ação de intermediários entre os mercados *onshore* e *offshore*.[94] Adiciona-se a isso a característica da mensuração dos derivativos por "valores nocionais" que mede a posição dos agentes considerando a alavancagem inerente às operações dessa natureza.[95]

Comparativamente a outros países em desenvolvimento, o mercado de derivativos brasileiros é um dos mais importantes:

> *Four emerging market economies stand out in terms of the size and maturity of their derivatives markets: Korea, Brazil and the two Asian financial centres of Hong Kong and Singapore. Brazil and Korea are exceptional in terms of the size*

---

[94] Uma leitura possível da figura 8 é a de que o mercado *offshore* é um espelho dos mercados de derivativos *onshore*. Essa é, contudo, uma leitura imprecisa, uma vez que pode haver um conjunto de operações entre instituições intermediárias do mercado *offshore* com objetivo de equilibrar seus balanços. Como visto no capítulo 2, parte do volume de negócios do Forex ocorre entre as instituições financeiras intermediárias no processo descrito por Lyons (1996) como "*hot potato*".

[95] O valor nocional é o valor do ativo subjacente na data de vencimento do contrato. Como esses contratos são liquidados por diferença financeira e não por entrega física de dólar, o valor desembolsado no momento da liquidação é bem inferior ao valor que consta no contrato. Outra medida para mercados de derivativos, trabalhada pelo BIS, é o valor bruto de mercado. Esse conceito refere-se aos desembolsos necessários para substituir as posições aos preções atuais. Sobre as formas de dimensionamento dos mercados de derivativos, ver BIS (1995).

of their exchange-traded derivatives markets, and Hong Kong and Singapore in terms of their OTC derivatives markets. [Mihajlek e Packer, 2010:51]

Também é característico do mercado de derivativos de câmbio brasileiro *onshore* o predomínio do mercado organizado em relação ao mercado de balcão. Em temos de derivativos negociados em bolsa, o real é a terceira moeda mais negociada, atrás apenas do dólar e do euro, de acordo com os dados de valores nocionais para dezembro de 2014, como mostra a figura 9. Esse padrão é uma especificidade da economia brasileira, uma vez que na maioria dos mercados de câmbio predomina a negociação de derivativos de balcão.

Figura 9
DERIVATIVOS DE CÂMBIO NEGOCIADOS EM BOLSA
(VALOR NOCIONAL PARA DEZEMBRO DE 2014)

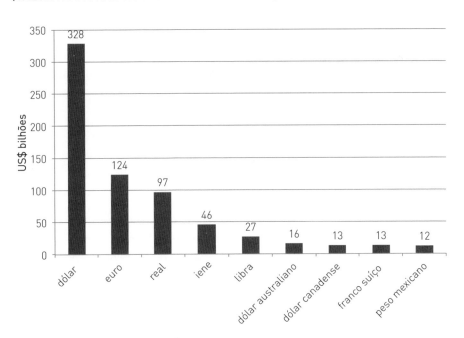

Fonte: BIS. Elaboração própria.

Nos últimos anos, aumentou a participação dos estrangeiros na BM&F que respondem por 40% dos contratos de câmbio em janeiro de 2014, como mostra a figura 10. As pessoas jurídicas financeiras (que correspondem aos bancos comerciais) e os investidores institucionais (que correspondem aos bancos de investimentos) são os dois outros agentes relevantes. Já as empresas não financeiras e as pessoas físicas têm baixa participação.

Figura 10
PARTICIPAÇÃO DOS INVESTIDORES NO MERCADO DE CÂMBIO DA BM&F

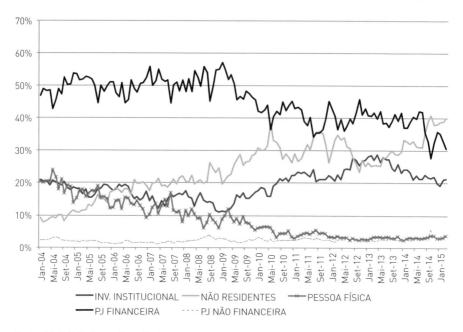

Fonte: BM&F. Elaboração própria.

No mercado *offshore* a moeda brasileira é mais negociada nos EUA do que no Reino Unido, ao contrário da maioria das moedas. Luxemburgo aparece como o terceiro país onde mais se negocia a moeda brasileira *offshore*, com 2,7 bilhões diários para a média de abril de 2013 (figura 11). No mercado *offshore* a maior parte dos contratos constitui-se de NDF (Kaltenbrunner, 2010).

Figura 11

NEGOCIAÇÃO DA MOEDA BRASILEIRA EM MERCADOS DE BALCÃO *OFFSHORE*
(US$ BI/DIA, MÉDIA DE ABRIL DE 2013)

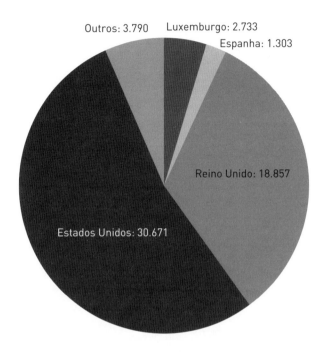

Fonte: BIS. Elaboração própria.

No mercado primário, como mostra a figura 12, há predomínio das operações de câmbio financeiro quando se analisa o volume mensal bruto de operações. Essas operações impõem um padrão de volatilidade desse mercado. Uma análise mais rigorosa do mercado primário esbarra na limitação dos dados disponíveis. Os dados do Banco Central não permitem uma separação por tipo de contrato de câmbio financeiro, ou seja, existem apenas dados de vendas e compras de câmbio financeiro.

Figura 12
Movimento bruto de câmbio mensal no mercado primário*

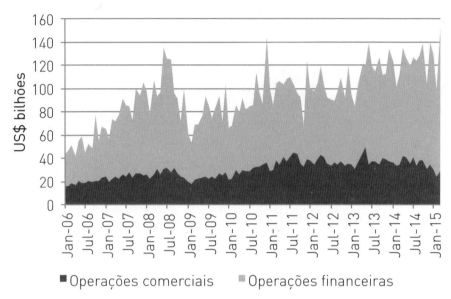

Fonte: BCB. Elaboração própria.
*Soma de compras e vendas de contratos de câmbio financeiro e comercial.

RESUMO E CONCLUSÕES

- O conjunto de contratos de câmbio realizados entre residentes e não residentes compõe o mercado primário de câmbio e, em um dado período, esses contratos definem o conceito de fluxo cambial contratado.
- A posição de câmbio de um banco é o resultado líquido de suas operações no mercado de câmbio à vista e para entrega futura (em ambos os casos com entrega física de moedas), apurado em dólares, acrescido ou diminuído da posição do dia anterior.
- As operações de linha são canais de financiamento em dólar dos bancos domésticos com bancos no exterior, geralmente sucursais. O saque e o pagamento dessas linhas não envolvem conversão de recursos entre reais e dólares e são as únicas operações de câmbio entre resi-

dentes e não residentes que não exigem contrato de câmbio, logo não constam no fluxo cambial.

- O mercado interbancário, ou secundário, onde as posições de câmbio dos bancos residentes são niveladas. Ou, ainda, é o lócus da negociação do estoque de divisas entre as instituições que podem carregar posições de câmbio.
- Os bancos, por um lado, assumem uma posição passiva de atender a demanda e oferta de divisas estrangeiras no mercado primário, tendo sua posição de câmbio agregada alterada pela decisão dos clientes. Por outro, eles têm um papel fundamental na determinação da taxa de câmbio uma vez que eles precificam a moeda de acordo com sua estratégia referente à sua posição de câmbio.
- No mercado futuro brasileiro não há contratos de câmbio uma vez que operações são liquidadas em reais, e, portanto, não há movimentação de divisas.
- O mercado de reais *offshore* consiste no espaço de negociação de reais entre não residentes, em jurisdição estrangeira.
- O mercado de câmbio brasileiro tem três características principais: i) a liquidez nos derivativos de câmbio é muito superior à do mercado à vista, ii) há um predomínio do mercado organizado em relação ao mercado de balcão e iii) o mercado *offshore* é extremamente importante.

ANEXO

NOTAS SOBRE A CONTABILIDADE DO SETOR EXTERNO

FLUXO CAMBIAL E BALANÇO DE PAGAMENTOS

Para análise do mercado de câmbio deve-se ter em consideração as diferenças metodológicas entre a contabilidade do *fluxo cambial* e do *balanço de pagamentos*. O fluxo cambial refere-se à contratação do câmbio que pode não coincidir temporalmente com a liquidação de câmbio.[96] A contratação tampouco implica necessariamente a liquidação, uma vez que pode haver operações de câmbio desfeitas, ou seja, contratadas, mas não liquidadas.

O fluxo cambial é uma especificidade brasileira uma vez que, na maior parte dos países centrais, a contabilidade é feita apenas na liquidação. Ou seja, no Brasil a informação contábil não é restrita ao momento de entrega de moeda, mas as instituições autorizadas a operar no mercado de câmbio informam todos os valores contratados ao banco central.

Logo, enquanto o fluxo cambial contabiliza as operações contratadas, o balanço de pagamentos se refere às operações liquidadas entre os residentes e não residentes, com uma exceção que trataremos adiante. A convenção básica aplicada ao balanço de pagamentos é o *método de partidas dobradas* cuja premissa é que todo lançamento de crédito no balanço de pagamento deve ter um lançamento em débito equivalente, e *vice-versa*. Ou seja, diferentemente das partidas simples onde se registra uma operação, mas se omite seu resultado, nas partidas dobradas toda transação é registrada junto com seu impacto no patrimônio. Esse sistema é intuitivo na medida em que os créditos (débitos) no balanço de transações correntes, por exemplo, representam

---

[96] Há muitos contratos a termo entre os contratos de câmbio. Os Adiantamentos de Contratos de Câmbio (ACCs) são um exemplo.

um aumento (redução) dos ativos de residentes no exterior que são registrados na conta financeira.[97]

Nesse sentido, a compra de dólares pelos bancos junto aos agentes primários que resulta no acúmulo de posições compradas, conforme discutido neste capítulo, tem como impacto contábil no balanço de pagamentos uma saída de capitais pela conta financeira que aumenta os ativos de residentes no exterior. Esses fluxos bancários — que constituem contrapartida da relação dos bancos com os agentes primários e o Banco Central — são contabilizados na rubrica de Outros Investimentos.[98]

A figura 13 ilustra o papel do banco residente em uma operação de contratação de câmbio de exportação com pagamento à vista, realizado na data do embarque da mercadoria. O banco é o intermediário no momento da contratação do câmbio entre o residente e o não residente. No momento da liquidação, o banco atua em duas pontas: a primeira é a liquidada em reais junto ao residente, e a segunda ponta é liquidada em dólar por um pagamento do agente não residente na conta *offshore* do banco residente. Na contabilidade brasileira, essa operação de câmbio tem efeito no momento da contratação (de aumento do fluxo de câmbio e do aumento da posição comprada dos bancos) e na liquidação (há um fluxo de entrada no balanço de pagamentos em "exportação" e de saída na conta financeira correspondente ao aumento dos haveres do banco intermediário no exterior).[99]

---

[97] A despeito das partidas dobradas, o duplo registro nem sempre é perfeito, uma vez que a contabilidade das diferentes contas do balanço de pagamento deriva de fontes diferentes. As informações da balança comercial, por exemplo, são compiladas pelo Ministério do Desenvolvimento, Indústria e Comércio baseado nos registros aduaneiros inseridos no Sistema de Comércio Exterior (Siscomex). Já grande parte das informações da conta financeira e dos serviços é obtida pelos contratos de câmbio, enquanto as operações de linha, descritas neste capítulo, têm como fonte o balancete dos bancos comerciais. Consequentemente, a conta "Erros e Omissões" é encarregada de corrigir esses desvios contábeis, como é proposto pelo manual de balanço de pagamentos do FMI (FMI, 1993).

[98] Na conta de outros investimentos brasileiros — moedas e depósitos — bancos.

[99] Vale notar que a posição de câmbio de uma instituição é alterada exclusivamente pela contratação de câmbio, já a liquidação do câmbio não altera essa posição.

Figura 13

EXEMPLO DE OPERAÇÃO CAMBIAL E SEU EFEITO CONTÁBIL

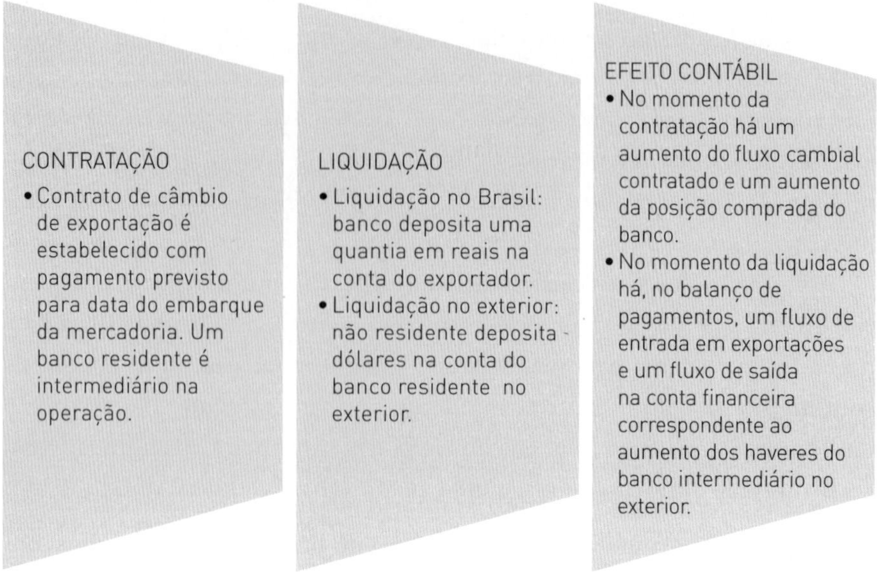

CONTRATAÇÃO
- Contrato de câmbio de exportação é estabelecido com pagamento previsto para data do embarque da mercadoria. Um banco residente é intermediário na operação.

LIQUIDAÇÃO
- Liquidação no Brasil: banco deposita uma quantia em reais na conta do exportador.
- Liquidação no exterior: não residente deposita dólares na conta do banco residente no exterior.

EFEITO CONTÁBIL
- No momento da contratação há um aumento do fluxo cambial contratado e um aumento da posição comprada do banco.
- No momento da liquidação há, no balanço de pagamentos, um fluxo de entrada em exportações e um fluxo de saída na conta financeira correspondente ao aumento dos haveres do banco intermediário no exterior.

Fonte: Elaboração própria.

Caso essa operação de exportação seja liquidada a termo, o embarque da mercadoria é creditado na conta de exportação da balança comercial enquanto um valor equivalente é debitado na conta financeira, como uma operação de crédito comercial.[100] Da mesma forma, caso o exportador receba o pagamento, mas resolva deixar sua receita no exterior, esse valor é debitado da conta financeira também como uma operação de crédito comercial.[101] Uma vez no exterior, não há controle dessas receitas pelo Banco Central, já que essas podem ser usadas para gastos no exterior e, quando são internalizadas, não se caracterizam mais como receitas de exportação,

---

[100] Para o exportador, a "liquidação" no Brasil pode ocorrer antes da liquidação no exterior. Nesse caso, o banco adianta os recursos ao exportador por meio de um Adiantamento de Contrato de Câmbio (ACC), que na prática constitui uma operação de crédito, condicionada ao embarque da mercadoria e à liquidação no exterior. Sobre o ACC, ver Rossi e Prates (2013).

[101] Na conta de Outros Investimentos Brasileiros — Empréstimos e financiamentos de curto prazo.

O MERCADO DE CÂMBIO BRASILEIRO

mas como transferência de ativos de residentes e, portanto, entram como um fluxo financeiro.[102]

Sobre a interpretação do resultado do balanço de pagamentos

Contabilmente, o resultado do balanço de pagamentos é igual ao inverso da variação de haveres da autoridade. O resultado dos haveres da autoridade monetária (e, consequentemente, o resultado do balanço) depende das intervenções, do pagamento do serviço da dívida externa, da remuneração das reservas e das liquidações de dívidas com estrangeiros. Um sinal negativo representa um aumento das reservas das autoridades monetárias, portanto um acréscimo nas reservas cambiais. Contudo, esse resultado não necessariamente impacta a variação do estoque de reservas uma vez que esse depende também das variações patrimoniais, não contabilizadas no balanço de pagamentos.[103]

Os lançamentos em haveres da autoridade monetária também devem ter contrapartida contábil em outra rubrica do balanço de pagamentos; por exemplo, as intervenções cambiais são registradas com um lançamento em reservas (haveres da autoridade monetária) e outro na conta financeira, em Outros investimentos brasileiros.[104] As intervenções são a única exceção à regra metodológica do Balanço de Pagamentos de contabilizar apenas transações entre residentes e não residentes. Nesse caso, a moeda estrangeira é transacionada entre dois residentes, o Banco Central e um banco residente.

Nesse sentido, o resultado global do balanço de pagamentos deve ser interpretado à luz do seu significado contábil que nada mais é do que um espelho da variação de haveres da autoridade monetária. Portanto, não se

---

[102] O Banco Central não divulga estimativas sobre a posição acumulada dos exportadores no exterior. A estimativa ideal teria de comparar o embarque físico de mercadoria com a liquidação do câmbio de exportação; essa última estatística tampouco é divulgada pelo BC. Ainda assim, a estimativa estaria sujeita a erros decorrentes de três fatores: 1) da defasagem entre o período do embarque e o período de liquidação da operação, 2) do ingresso dessas receitas pela via financeira e 3) da possibilidade de os recursos terem sido gastos no exterior pelo agente exportador. Um monitoramento dessas posições seria possível caso a Receita Federal fornecesse ao Banco Central informações sobre as empresas exportadoras.

[103] Por estar expresso em dólar, o estoque de reservas cambiais está sujeito a variações patrimoniais decorrentes do impacto de variações cambiais sobre títulos denominados em outras moedas.

[104] Outros Investimentos Brasileiros — Moeda e depósitos — Bancos.

pode atribuir a esse resultado contábil a interpretação econômica de que a economia passa por excesso ou escassez de financiamento externo.

Também é incorreta a ideia de que um país pode não conseguir "fechar o balanço de pagamento", pois esse sempre fecha contabilmente a despeito das eventuais dificuldades de financiamento externo. Uma crise de balanço de pagamentos, por exemplo, pode implicar perda de reservas, empréstimos com o FMI, moratória e outros eventos que terão registros contábeis de débito e crédito no balanço de pagamentos.

Em 2015, o balanço de pagamentos brasileiro incorporou as mudanças metodológicas propostas pela sexta edição do manual de balanço de pagamentos do Fundo Monetário Internacional. Com as mudanças foram extintas as contas de "haveres da autoridade monetária" e a própria conta de "resultado do balanço", o que contribui para evitar os erros de interpretação aqui explorados. Na nova metodologia, as operações da autoridade monetária são contabilizadas na conta financeira, na rubrica "ativos de reserva".

Sobre os derivativos no Balanço de Pagamentos

Até fevereiro de 2014, a conta de derivativos do balanço de pagamento era praticamente irrelevante. Isso porque não havia códigos específicos para os derivativos com amparo da Resolução nº 2.689, que regulamenta a aplicação de recursos financeiros de não residentes no país; assim, os derivativos eram contabilizados em outros investimentos.[105]

Em 2014, houve uma mudança na forma de coleta de dados com a inclusão dos códigos cambiais específicos para derivativos negociados no país. A nova conta registra o resultado líquido das operações de derivativos, ou seja, os ganhos e perdas incorridos dos investidores não residentes no mercado brasileiro e dos investidores residentes no mercado externo. Mas essa contabilização só ocorre na retirada ou entrada dos recursos do país; se o investidor estrangeiro usar esses recursos em outra aplicação (renda fixa ou ações, por exemplo), a informação não é capturada pelo banco central.[106]

---

[105] Na conta de derivativos até 2014, figuravam provavelmente operações com derivativos sem amparo da Resolução nº 2.689 e instrumentos negociados no exterior.

[106] Vale notar que o balanço de pagamentos não registra a exposição em derivativos em valores nocionais, apenas as liquidações. As chamadas de margens, característica das operações no mercado futuro, são contabilizadas como depósitos, e não derivativos.

CAPÍTULO 7

DERIVATIVOS, CUPOM CAMBIAL E A ESPECULAÇÃO NO MERCADO FUTURO

Este capítulo desenvolve conceitos fundamentais para o entendimento da dinâmica cambial no Brasil: derivativos, dólar futuro, cupom cambial, especulação e arbitragem. A primeira seção trata dos derivativos, suas origens, funções e contradições. A seção seguinte faz uma análise do significado do preço do dólar futuro e mostra que esses não são bons previsores dos preços no futuro. O cupom cambial, outro conceito importante, é analisado na seção 3 juntamente com a relação de arbitragem que o cupom estabelece com a taxa de juros internacional. A seção 4 procura separar os componentes do retorno de uma operação em dólar futuro enquanto a seção 5 descreve as motivações dos agentes no mercado futuro. Por fim, a última seção faz uma breve caracterização de um ciclo especulativo nesse mercado.

1. SOBRE OS DERIVATIVOS

Os derivativos não são uma invenção das finanças modernas, sua origem remonta a períodos pré-capitalistas. Segundo Bryan e Rafferty (2006), há registros de venda de contratos a termo de arroz na China em 2000 a.C. A função original desses instrumentos é de proteger os agricultores das flutuações dos preços agrícolas. Nesse sentido, os derivativos são instrumentos que surgem organicamente do processo produtivo e posteriormente são apropriados e remodelados pelas finanças para potenciar o processo de acumulação financeira.

O uso especulativo dos derivativos também não é recente a julgar pelo livro *Política*, de Aristóteles. Na história do filósofo Tales de Mileto, descrita nesse livro, pode-se identificar o uso primitivo de um contrato de opção: Tales, prevendo um aumento na colheita de azeitona, negociou junto aos proprietários de prensas de azeite o direito de alugar as máquinas na época da colheita em troca de um adiantamento em dinheiro. Quando veio a generosa colheita, os plantadores de azeitona buscaram as máquinas no mercado e Tales fez fortuna.

A definição mais usual de derivativos, repetida nos manuais de finanças, estipula que esses são contratos financeiros que estabelecem pagamentos futuros, cujo valor deriva de um ativo, instrumento financeiro ou ocorrência de evento. Essa definição pode ser enganosa na medida em que sugere um sentido de determinação nem sempre verdadeiro, ou seja, propõe que a formação dos preços dos contratos de derivativos depende dos preços do mercado à vista.[107]

No entanto, há mercados de derivativos nos quais os preços à vista e futuro se determinam mutuamente, e outros em que o lócus de determinação é o futuro.[108] Isto ocorre porque a formação de preços se dá no mercado mais líquido e porque a liquidez dos mercados de derivativos pode ser superior à do mercado à vista. Dessa forma, adota-se o conceito de derivativo como um contrato bilateral que estipula pagamentos futuros cujo valor está vinculado ao valor de outro ativo, índice ou taxa ou, para alguns casos, depende da ocorrência de um evento.[109]

Uma característica importante de uma operação de derivativo é que ela representa um "jogo de soma zero" onde os ganhos são iguais às perdas:

---

[107] Essa causalidade está na origem do termo "derivativo".

[108] Essa questão, que será retomada ao longo do livro, é corroborada pela afirmação de Bryan e Rafferty (2006:12): *"Many empirical studies have shown that prices are first formed in derivatives markets (a process called price discovery) and are transmitted back to cash markets, while others have found that this process occurs more or less simultaneously"*.

[109] A bolsa de Chicago, por exemplo, negocia *weather futures* destinados a prover proteção contra a ocorrência de eventos climáticos. A indústria de seguros de certa forma também negocia derivativos cujos pagamentos futuros dependem da ocorrência de eventos. No entanto, a forma de tratamento do risco é bem diferente dos mercados de derivativos propriamente ditos: uma empresa de seguros lida com milhares de riscos individuais enquanto, nos mercados de derivativos, um determinado risco específico é transacionado por milhares de agentes.

Mercados virtuais não criam riqueza, apenas a redistribuem entre os participantes. No agregado, só se pode ganhar, nos mercados de derivativos, os valores perdidos por outros participantes. A única riqueza criada nesses mercados é constituída pelas corretagens e emolumentos às Bolsas pagos por todos os participantes, quer tenham ganhado ou perdido dinheiro em suas operações. [Farhi, 1998:7]

Dessa forma, se há uma pressão de operações especulativas em um só sentido no mercado de derivativos, há necessariamente agentes que assumem a outra ponta, seja para cobrir risco em operações comerciais ou financeiras, seja para arbitragem.

Para melhor entender os derivativos deve-se atentar para as três motivações que levam os agentes a operar com derivativos: o *hedge*, a arbitragem e a especulação. O agente *hedge* tem como motivação cobrir os riscos de suas atividades no mercado à vista.[110] Para esse agente, a operação de derivativos tem caráter compensatório na medida em que seu resultado cobre perdas ou compensa ganhos de atividades no mercado à vista. Já as operações especulativas com derivativos são aquelas cuja posição do agente não tem correspondência no mercado à vista; logo eles estão expostos a riscos de variações de preço ou ocorrência de eventos.

Por ser um contrato de duas pontas, é comum o argumento de que o especulador é fundamental para assumir os riscos das empresas produtivas e assim prover o *hedge*. Essa afirmação não é verdadeira uma vez que o especulador pode ser dispensável em contratos onde há interesses opostos de empresas que demandam *hedge* como entre uma empresa exportadora cujo risco é a apreciação cambial e uma empresa importadora que teme uma depreciação da taxa de câmbio. Nesse caso, o derivativo de câmbio atende a dois agentes com motivações *hedge* e proporciona redução de riscos para ambos ao "travar" o preço futuro da taxa de câmbio entre duas moedas.

Por fim, a operação de arbitragem é caracterizada por duas operações simultâneas, uma no mercado à vista e outra no mercado de derivativos, onde a motivação é de explorar distorções de preço entre as cotações nos dois

---

[110] "As operações de cobertura de riscos (*hedge*) consistem, essencialmente, em assumir, para um tempo futuro, a posição oposta à que se tem no mercado à vista" (Farhi, 1999:94).

mercados e obter ganhos sem risco.[111] Diferentemente de uma operação especulativa onde o resultado da operação é conhecido *ex post*, na arbitragem sabe-se o ganho *ex ante*. Essa operação é responsável pela transmissão de preços entre o mercado à vista e futuro.

Há duas formas de liquidação dos contratos de derivativos, quais sejam: por entrega física do ativo subjacente ou por liquidação em moeda (*cash settlement*). Os mercados que operam exclusivamente com entrega física exigem das partes do contrato a entrega e o recebimento do ativo em questão. Por exemplo, um contrato a termo de petróleo com entrega física implica que, em uma data futura, uma das partes venderá à outra um determinado montante de barris de petróleo ao preço pré-acordado no contrato. Esse tipo de mercado restringe o conjunto de participantes àqueles que atuam na produção, que usam o produto como insumo, ou que ao menos tenham a logística necessária para transportar e estocar a mercadoria. Portanto, a determinação de preços nesse mercado reflete a interação desses agentes, que de alguma forma estão ligados à produção, processamento ou estocagem dos ativos subjacentes.

Já nos mercados com liquidação em moeda não há troca física dos montantes estipulados, mas um ajuste de margem em dinheiro. Esse fator permite a atuação no mercado de agentes desvinculados da produção ou do uso do ativo subjacente e abre amplo espaço para os especuladores. Por exemplo, um investidor japonês pode vender dólares contra reais com liquidação em iene. Nesse caso, ele pode não possuir os dólares e tampouco querer receber os reais, uma vez que ele está interessado apenas no resultado em iene da variação da taxa de câmbio entre o dólar e o real.[112]

Ademais, um mercado de derivativos com liquidação em moeda confere aos participantes desse mercado um enorme poder de alavancagem. As restrições para o grau de alavancagem se resumem a uma margem de garantia que corresponde a um pequeno percentual do valor nocional do contrato.[113]

---

[111]   A arbitragem também pode ser concebida no mesmo mercado, entre dois vencimentos ou dois instrumentos diferentes.

[112]   A liquidação em moeda permite também o desenvolvimento dos mercados de índice que, por natureza, são *non-deliverable*.

[113]   O valor nocional corresponde ao valor de face do contrato de derivativo. Como na maioria dos casos os contratos são liquidados em moedas, os valores efetivamente transferidos são bem menores. Nos mercados de balcão, a exigência de margem de garantia fica a cri-

Nesse contexto, McKenzie (2011) afirma que o crescimento dos mercados por liquidação financeira possibilita uma elevação substancial da alavancagem dos agentes e dos volumes negociados nos mercados de derivativos, se configurando seguramente como um amplo espaço para atuação da especulação financeira.

Nesses termos, o contrato de derivativo permite uma separação entre os ativos em si e a volatilidade do preço dos mesmos. Negociam-se os atributos dos ativos e seus riscos inerentes, e não a posse, ou propriedade, dos ativos. Uma ação é um contrato que estabelece propriedade de parte de uma companhia, um título de dívida estabelece o direito à propriedade de um fluxo de rendimento, já os derivativos não pressupõem nenhuma relação de propriedade (Bryan e Rafferty, 2006). Os derivativos são precificados, comprados e vendidos sem nenhuma mudança na propriedade do ativo ao qual eles estão relacionados. Dessa forma, os agentes podem "vender o que não possuem ou comprar o que não desejam possuir" (Farhi, 2010:209).

Pode ser atribuída ao mercado de derivativos uma função social — ou macroeconômica — específica e extremamente importante: transferir risco entre agentes. Ao precificar e proporcionar a transferência de risco, os derivativos se tornam ferramentas para conviver com incertezas macro e microeconômicas.[114] Eles cumprem um papel de estabilização e de coordenação das expectativas dos agentes e podem, em tese, atenuar a transmissão da instabilidade financeira à esfera da produção. Nesse sentido, apesar de não criarem riqueza diretamente, os derivativos podem gerar efeitos posi-

---

tério das partes envolvidas no contrato, já nos mercados de bolsa, há exigências de margens uma vez que a liquidação do contrato é garantida por uma contraparte central.

[114] O fato de o conhecimento sobre o futuro ser vago, instável e incerto, em uma realidade econômica não ergódica, tem implicações fundamentais sobre as decisões presentes de alocação de riqueza, como discutem Keynes e a vasta literatura pós-keynesiana. Para os objetivos do presente trabalho, é importante explicitar claramente o significado de incerteza, que não pode ser confundido com o risco probabilístico. A incerteza significa que há eventos no transcorrer das atividades econômicas em que não há conhecimento probabilístico de seus resultados. Há eventos cujos efeitos são simplesmente não quantificáveis, ou mesmo desconhecidos, em um mundo em que o passado não se repete invariavelmente e o futuro é necessariamente incognoscível. Desse modo, no momento em que os derivativos quantificam a incerteza acerca da variação de preços, ou a incerteza sobre a ocorrência de qualquer evento, em um "risco" mensurado, reduz-se a incerteza a um "risco" supostamente conhecido e, portanto, como se fora previsível. Justamente por isso estão sujeitos a cometer erros e amplificar volatilidades.

tivos indiretos na produção de riqueza que são consequências de como os produtores respondem à incerteza em relação aos preços.[115]

Naturalmente, quanto mais voláteis são as variáveis econômicas que afetam a produção de bens e serviços, mais importantes são os derivativos. Entretanto, a análise da importância dos derivativos torna-se mais complexa quando se admite a possibilidade de o próprio mercado de derivativos ampliar a instabilidade dos preços macroeconômicos. Em outras palavras, eles podem resolver problemas de eficiência microeconômicos e agravar problemas de instabilidade macro.[116] Nessa linha, Farhi (1998) argumenta que os derivativos são de natureza contraditória, onde a lógica inicial vira seu contrário: eles são ao mesmo tempo mecanismos indispensáveis para cobertura de riscos e meios privilegiados de especulação que imprimem volatilidade aos mercados:

> A análise sistemática da repercussão dos derivativos financeiros mostra o papel dual, e por vezes, ambíguo desses instrumentos. Eles cumprem um papel de estabilização e de coordenação das expectativas dos agentes e atenuam fortemente a transmissão da instabilidade financeira à esfera da produção. Ao mesmo tempo, o amplo uso feito pelos agentes econômicos dos mecanismos de derivativos, seja para cobrir riscos, seja para operações de arbitragem ou ainda para especular, ligado ao poder de alavancagem presente nesses mercados possuem o potencial de exacerbar a volatilidade e a instabilidade dos mercados. [Farhi, 1998:262-263]

Por fim, o mercado de derivativos facilita a mobilidade da riqueza em escala internacional dos diversos agentes, ou melhor, permite a transformação monetária da riqueza global, sem movê-la. Conforme descrito em Carneiro, Rossi, Mello e Chiliatto-Leite (2015), o mercado de derivativos

---

[115] *"However, while such derivatives may be a zero sum in monetary terms, in a broader context, they can be seen to involve a positive sum. By permitting the better planning and organization of production and trade, derivatives may generate positive effects on resource allocation and accumulation"* (Bryan e Rafferty, 2006:42).

[116] Quando isso ocorre cabe uma comparação que pode ser pertinente dependendo do tipo de mercado e do momento histórico: os derivativos estão para volatilidade macro assim como a indexação de preços está para inflação. Ou seja, ao mesmo tempo que esses instrumentos são fundamentais para que o sistema econômico possa conviver com volatilidade, eles também a agravam.

é transversal no sentido de permitir a integração de mercados de diversas naturezas, ao precificar os riscos probabilísticos e mensurar os retornos esperados. Permite-se, portanto, a troca entre rentabilidades dos estoques de riqueza globais. Uma operação de *swap* de taxas de câmbio, por exemplo, pode ser equivalente à conversão de um estoque de riqueza em outra moeda de denominação sem nenhum movimento efetivo do estoque de riqueza e, diga-se de passagem, mesmo sem a existência do mesmo.

2. O SIGNIFICADO DO PREÇO DO DÓLAR FUTURO

A formação de preços no mercado de derivativos é um tema tratado preponderantemente pela literatura de finanças com um enfoque microeconômico; o tratamento macro desses preços é pouco presente nessa literatura. Com isso, as informações provenientes dos mercados de derivativos são frequentemente subutilizadas pelos macroeconomistas e, por vezes, mal utilizadas pela mídia econômica.

Os preços futuros, para além de riscos e expectativas, expressam condições de arbitragem entre diferentes mercados. O preço do dólar futuro, por exemplo, não é o preço esperado do dólar no futuro.[117] Isso porque o dólar futuro é dado por uma relação de arbitragem que envolve variáveis conhecidas no presente, enquanto a previsão da cotação do dólar no futuro é dada pelas expectativas dos agentes. Nesse sentido, os contratos futuros não são bons previsores dos preços no futuro. No caso brasileiro o dólar futuro está sistematicamente acima do dólar à vista devido ao diferencial entre os juros brasileiros e os juros externos, como mostra a figura 14.

---

[117] A análise de Keynes (2000) foi pioneira a tratar esse aspecto, como visto no capítulo 3.

Figura 14
DÓLAR À VISTA E DÓLAR FUTURO (1º VENCIMENTO) NO PRIMEIRO DIA DO MÊS EM 2014

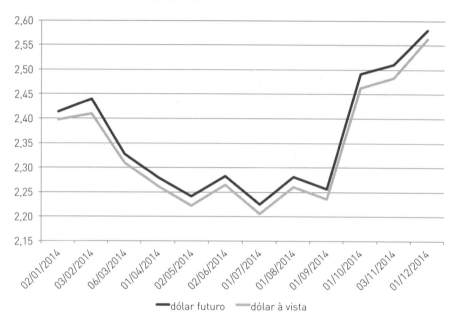

Fonte: BM&F. Elaboração própria.

3. ARBITRAGEM E O CUPOM CAMBIAL

Como visto no capítulo 3, do ponto de vista teórico a determinação da taxa de câmbio futura deve respeitar a paridade coberta da taxa de juros (CIP). No Brasil, a CIP assume parâmetros mais familiares: a "versão brasileira" da paridade coberta é dada pela equação (3).[118]

$$(3)\ \text{dólar futuro}_t = \text{dólar spot}_t * \frac{(1 + \text{taxa pré})}{(1 + \text{cupom cambial})}$$

---

[118] Para uma avaliação empírica do teorema da paridade coberta para a economia brasileira, ver Cieplinski, Braga e Summa (2014).

A taxa de juros de referência para aplicações em reais é uma taxa prefixada com rentabilidade dada pelas aplicações de DI. Já o cupom cambial é a taxa de juros que remunera as aplicações em dólares *onshore*. Como a legislação brasileira não permite depósitos em dólares, a taxa do cupom cambial é resultado de uma operação estruturada com dois elementos: 1) uma aplicação em um ativo em real que rende juros básicos (CDI) e 2) um *hedge* cambial.

Vale destacar que essa definição de cupom difere da definição usualmente utilizada em manuais de finanças onde o cupom cambial é definido como a diferença entre a taxa de juros interna e a expectativa de depreciação da taxa de câmbio do país. Considera-se que essa última definição só é verdadeira se for válida a paridade descoberta de juros. Em outras palavras, se for aceito que o diferencial de juros entre aplicações em reais e em dólar traz embutida uma expectativa dos agentes quanto à depreciação da moeda brasileira. Nesse caso, a cotação do dólar futuro seria um bom previsor da cotação do real no futuro. Contudo, é extensa a literatura econômica que mostra que essa paridade não se verifica.[119]

De volta à equação (3), essa está sempre em equilíbrio uma vez que o cupom é uma variável endógena à mesma, ele deriva diretamente da relação entre as outras variáveis e se ajusta de forma a manter a igualdade. Dada a taxa de juros doméstica, o cupom cambial aumenta quando o preço do dólar futuro se aproxima do preço do dólar à vista, e se reduz quando eles se distanciam. A intuição por detrás disso está no fato de que, quando há um excesso de oferta de dólar no mercado futuro, o *hedge* cambial fica mais barato e assim as aplicações em dólar *onshore*, com cobertura cambial, ficam mais bem remuneradas.

Não obstante, o cupom cambial é a variável relevante para o cálculo para arbitragem. Quando o cupom cambial (acrescido de um prêmio de risco) difere do custo de captação externa há oportunidades para arbitragem nas seguintes condições:

---

[119] A violação da paridade descoberta de juros foi batizada de *forward premium puzzle*; sobre a literatura que trata desse assunto, ver Sarno e Taylor (2006).

a) cupom cambial > custo de captação externa[120]

→ Há incentivos para tomar empréstimos no exterior e aplicar os recursos no cupom cambial. No conjunto essa operação provoca, *ceteris paribus*, 1) uma apreciação da moeda doméstica ($\downarrow$*dólar spot*) uma vez que os dólares captados no exterior são vendidos no mercado à vista e 2) uma depreciação da moeda no mercado futuro ($\uparrow$*dólar futuro*) por conta da demanda por dólar futuro para *hedge* cambial.[121]

b) cupom < custo de captação externa

→ Há incentivos para tomar empréstimos no mercado doméstico e aplicar os recursos no exterior. No conjunto essa operação provoca, *ceteris paribus*, 1) uma depreciação da moeda doméstica ($\uparrow$*dólar spot*) uma vez que os dólares são comprados no mercado à vista e aplicados no exterior e 2) uma depreciação da moeda no mercado futuro ($\downarrow$*dólar futuro*) por conta da oferta de dólar futuro para *hedge* cambial.

Portanto, o resultado da arbitragem tende a alterar parâmetros da equação (3), o dólar futuro e o dólar à vista, que por sua vez equilibram o cupom cambial com claro de captação externa, mais os custos e riscos adicionais.

4. COMPONENTES DO RETORNO DE UMA OPERAÇÃO FUTURA

O retorno de uma operação de compra ou venda de dólar futuro na BM&F depende de duas variáveis: o preço pago pela taxa de câmbio futura no dia da contratação (t) e da cotação da taxa de câmbio à vista no dia do vencimento do contrato de câmbio futuro ($t+1$).

$$(4)\ \text{Retorno:} \frac{\text{dólar futuro}_t}{\text{dólar spot}_{t+1}}$$

Para aquele que possui um contrato de venda de dólar futuro, haverá ganho se na liquidação do contrato (t+1) o dólar futuro que consta no con-

---

[120] A referência do mercado brasileiro para os juros externos é a *libor*, e os custos adicionais são referentes aos *spreads* de riscos que variam de acordo com os agentes e outros custos operacionais, como os impostos sobre operações financeiras (IOF).

[121] Essas transações devem correr simultaneamente para evitar exposição ao risco de mercado, ou seja, o risco de os preços se alterarem antes de as transações se completarem.

trato for maior do que o dólar à vista (*dólar futuro* $_t$ > *dólar spot* $_{(t+1)}$) uma vez que ele estará vendendo a uma taxa mais cara do que o câmbio do dia (*dólar spot* $_{(t+1)}$). Já para o agente que está comprando em dólar futuro haverá ganho se *dólar futuro* $_t$ < *dólar spot* $_{(t+1)}$, uma vez que ele está comprando em *t+1* a uma taxa mais barata do que o câmbio do dia. O resultado da operação pode ser decomposto ao considerar as equações (3) e (4):

$$(5) \text{ Retorno: } \frac{\text{dólar futuro}_t}{\text{dólar spot}_{t+1}} * \frac{(1 + \text{taxa pré})}{(1 + \text{cupom cambial})}$$

Nessa equação as taxas de juros são conhecidas *ex ante* e podem ser consideradas custo ou ganhos de cada uma das pontas da operação, enquanto a variação cambial é uma variável *ex post*. Nesse sentido, a ponta vendida em dólar futuro tem como custo o cupom cambial e como ganho a taxa prefixada, enquanto a ponta comprada em dólar futuro tem como custo a taxa prefixada e como ganho o cupom cambial. O resultado final da operação depende do resultado do primeiro termo da equação, isto é, da variação cambial. A ponta vendida ganha com a apreciação cambial e a ponta comprada com a depreciação cambial. A tabela 3 apresenta esses resultados.

Tabela 3

RESULTADO ESTILIZADO DE UMA OPERAÇÃO DE DÓLAR FUTURO

Venda de dólar futuro	Compra de dólar futuro
Ganha taxa pré Paga cupom cambial Ganha apreciação cambial	Paga taxa pré Ganha cupom cambial Paga apreciação cambial

Fonte: Elaboração própria.

Vale frisar que o resultado de uma operação de dólar futuro é equivalente a uma operação com dólar à vista quando o cupom é igual ao custo de captação externa do agente. Por exemplo, quando um agente toma recursos no exterior e aplica diretamente esses recursos em DI, ele terá um resultado equivalente à venda de dólar futuro apresentado na tabela 3, entretanto, o custo a ser pago não é o cupom, mas o custo de captação externa. Da mesma forma, quando um agente toma emprestado em reais e aplica no exterior ele terá um resultado equivalente à compra de dólar futuro apresentado na tabela 3, mas o rendimento auferido não será o cupom, mas os juros internacionais menos o custo de envio dos recursos.

5. MOTIVAÇÃO DOS AGENTES NO MERCADO FUTURO DE CÂMBIO

A formação da taxa de câmbio futura, como em todo mercado de derivativos, decorre da interação entre três tipos de agentes econômicos: o *hedge*, o especulador e o arbitrador. Como visto na seção 1 deste capítulo, o agente *hedge* tem como motivação cobrir os riscos de suas atividades no mercado de câmbio à vista. Essa motivação é típica de agentes que atuam no comércio internacional, de bancos e de empresas financeiras com investimentos no exterior. Para esse agente, a operação de derivativos tem caráter compensatório na medida em que seu resultado cobre perdas ou compensa ganhos de atividades no mercado à vista (rendas a pagar/receber, investimentos, exportação, importação etc.). Em uma análise de balanço que considere as posições à vista e futura, esses agentes estariam cobertos de acordo com a tabela 4.

No mercado futuro, o especulador é o agente cuja motivação é obter ganhos com variações da taxa de câmbio. Esse agente está necessariamente exposto às variações cambiais por não ter um ativo no mercado à vista que sirva de cobertura. Nesse sentido, a característica do balanço de um especulador é a exposição ao risco de câmbio e a possibilidade de descasamento de preços entre ativos e passivos.

Tabela 4

AGENTES NO MERCADO FUTURO: MOTIVAÇÃO E EXEMPLO DE BALANÇO

Agentes	Motivação	Balanço	
Hedge	Cobrir riscos	US$	R$
		R$	US$
Especulador	Obter ganhos com variação cambial	-	-
		R$	US$
Arbitrador	Explorar distorções de preços entre dois mercados	R$	US$
		US$	R$

Em cinza: posição no mercado à vista.
Em branco: posição no mercado futuro

Fonte: Elaboração própria.

"As operações de arbitragem são compostas de duas pontas opostas seja no mesmo ativo com temporalidade diferente (*cash and carry*), seja em praças diferentes, envolvendo derivativos diferentes" (Farhi, 1999:107). Diferentemente de uma operação especulativa onde o resultado da operação é conhecido *ex post*, na arbitragem sabe-se o ganho *ex ante*. Essa operação tem como motivação explorar as distorções de preços entre os mercados futuro e à vista de câmbio, logo consiste em duas operações simultâneas, de sentido contrário, uma em cada mercado. Ou seja, realiza-se uma operação de venda (compra) no mercado à vista e de compra (venda) no mercado futuro em valores equivalentes. A tabela 5 detalha os componentes de uma operação de arbitragem entre os mercados à vista e futuro de câmbio, quando o cupom cambial está acima do custo de captação.

Tabela 5
EXEMPLO DE OPERAÇÃO DE ARBITRAGEM

Mercado à vista	Mercado futuro
Operações	
* Empréstimo externo * Venda de dólares à vista * Aplicação em juros domésticos	* Compra de dólares futuros
Ganhos e risco cambial	
Ganhos: + ~~aplicação DI~~ - custo de captação Risco cambial: - ~~Depreciação cambial~~	Ganhos: + Cupom cambial - ~~aplicação DI~~ Risco cambial: - ~~Apreciação cambial~~
Resultado da operação	
Cupom cambial — custo de captação	

Fonte: Elaboração própria.

6. O CIRCUITO ESPECULAÇÃO-ARBITRAGEM

Dadas as motivações dos agentes para operar no mercado futuro (*hedge*, especulação e arbitragem), o caso mais relevante para esta análise é o conjunto de contratos estabelecidos entre especuladores e arbitradores. Diferentemente das operações de *hedge*, cuja motivação deriva de posições no mercado à vista, e das operações entre especuladores onde cada um assume a ponta contrária e o resultado é uma transferência de recursos entre os dois agentes, as operações entre especuladores e arbitradores podem submeter a formação da taxa de câmbio, à formação de posições dos agentes no mercado futuro e a ciclos especulativos.

A formação de tendências no mercado futuro decorre do desequilíbrio entre a oferta e a demanda por dólar futuro. Como em qualquer mercado, um excesso de oferta tende a reduzir o preço desse ativo, nesse caso, aprecia a taxa de câmbio (real/dólar) futura. Por exemplo, o excesso de demanda especulativa em uma só direção ou a especulação unidirecional pode ser responsável pela formação de tendências no preço do dólar futuro. Já os arbitradores não formam tendência nesse mercado, eles normalizam distorções de preços desse *vis-à-vis* o mercado à vista.

Figura 15

EXEMPLO DE CICLO ESPECULATIVO NO MERCADO FUTURO

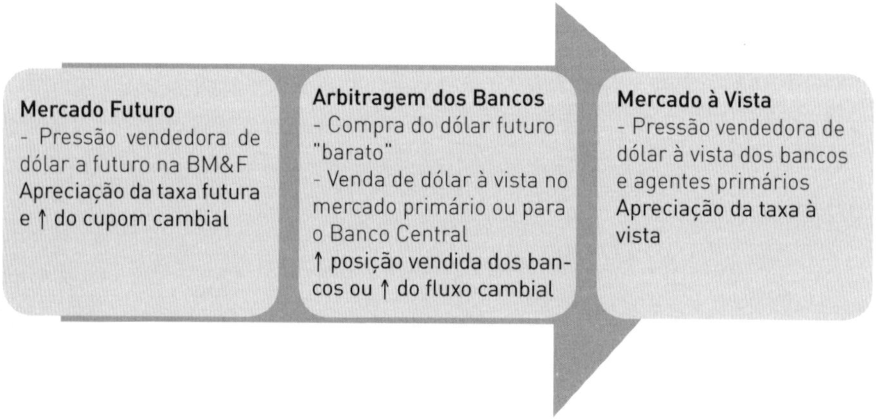

Mercado Futuro
- Pressão vendedora de dólar a futuro na BM&F Apreciação da taxa futura e ↑ do cupom cambial

Arbitragem dos Bancos
- Compra do dólar futuro "barato"
- Venda de dólar à vista no mercado primário ou para o Banco Central
↑ posição vendida dos bancos ou ↑ do fluxo cambial

Mercado à Vista
- Pressão vendedora de dólar à vista dos bancos e agentes primários Apreciação da taxa à vista

Fonte: Elaboração própria.

A figura 15 ilustra um ciclo especulativo, hipotético, de apostas no real motivado pela diferença entre as taxas de juros domésticas e externa: a abundante oferta de dólares futuro nesse mercado pressiona para baixo a cotação da taxa de câmbio futura; essa pressão aumenta o cupom cambial e abre espaços para a arbitragem dos bancos que compram esses dólares futuros baratos — logo assumem a ponta comprada no mercado futuro — e, simul-

DERIVATIVOS, CUPOM CAMBIAL E A ESPECULAÇÃO NO MERCADO FUTURO

taneamente, tomam empréstimos no exterior para vender dólares no mercado à vista. Essa operação de arbitragem tem como impactos o aumento do fluxo cambial ou da posição vendida à vista dos bancos, um aumento da posição comprada dos bancos no mercado futuro e a valorização do real no mercado à vista.

RESUMO E CONCLUSÕES

- Os derivativos são ao mesmo tempo mecanismos indispensáveis para cobertura de riscos e meios privilegiados de especulação que imprimem volatilidade aos mercados.
- Os contratos futuros não são bons previsores dos preços no futuro. No caso brasileiro o dólar futuro está sistematicamente acima do dólar à vista devido ao diferencial entre os juros brasileiros e os juros da moeda americana.
- O cupom cambial é a taxa de juros que remunera as aplicações em dólares *onshore*. Como a legislação brasileira não permite depósitos em dólares, a taxa do cupom cambial é resultado de uma operação estruturada com dois elementos: 1) uma aplicação em um ativo em real que rende juros básicos e 2) um *hedge* cambial.
- O cupom cambial é a variável relevante para o cálculo para arbitragem; quando esse (acrescido de um prêmio de risco) difere do custo de captação externa há oportunidades para arbitragem.
- No mercado futuro, o especulador é o agente cuja motivação é obter ganhos com variações da taxa de câmbio. Esse agente está necessariamente exposto às variações cambiais.
- As operações de arbitragem têm como motivação explorar as distorções de preços entre os mercados futuro e à vista de câmbio; logo, consistem em duas operações simultâneas, de sentido contrário, uma em cada mercado. Diferentemente de uma operação especulativa onde o resultado da operação é conhecido *ex post*, na arbitragem sabe-se o ganho *ex ante*.
- O excesso de demanda especulativa em uma só direção ou a especulação unidirecional pode ser responsável pela formação de tendências no preço do dólar futuro. Já os arbitradores não formam tendência

nesse mercado, eles normalizam distorções de preços desse *vis-à-vis* o mercado à vista.

CAPÍTULO 8

ESPECULAÇÃO E ARBITRAGEM NO BRASIL: UM ESTUDO DE CASO[122]

Dadas as especificidades do mercado de câmbio brasileiro, este capítulo apresenta um estudo sobre a formação da taxa de câmbio real/dólar com base na distinção das categorias de agentes responsáveis pela arbitragem e pela especulação no mercado futuro. A análise desenvolvida se baseia no estudo de Klitgaard e Weir (2004) e identifica a correlação entre a posição de câmbio de grupos de agentes na BM&F e a variação cambial no intervalo de um mês. O objetivo da investigação é avaliar se há algum padrão entre a formação de posições e o movimento cambial e apontar quais os agentes que estão do lado certo das apostas com derivativos e aqueles que estão na ponta errada, o que implica perdas nesse mercado. Essa análise permite a identificação do circuito arbitragem-especulação no período estudado (2004-11).

1. VARIAÇÃO CAMBIAL E POSIÇÃO DOS AGENTES NA BM&F

O estudo de Klitgaard e Weir (2004) analisa a relação entre a variação cambial e a posição de agentes em contratos futuros de câmbio na bolsa de Chicago. Esses autores chegam à conclusão de que a formação de posição dos agentes "especuladores" no mercado futuro de câmbio é altamente correlacionada com o movimento cambial em dólar de moedas como o iene, o euro e a libra.[123] A análise em questão é inspirada na abordagem microestrutural da taxa de

---

[122]   Este capítulo se baseia em Rossi (2014b).

[123]   A CFTC classifica como "especuladores" os agentes que não têm atividades comerciais ou financeiras compatíveis com a necessidade de *hedge* no mercado futuro.

câmbio que sublinha os fatores microeconômicos na determinação da taxa de câmbio, como as instituições, o comportamento dos agentes do mercado de câmbio e a transmissão de informação entre eles (Sarno e Taylor, 2001; Lyons, 1995 e Frankel et al., 1996). Essa literatura busca explicar as variações nas taxas de câmbio pelo posicionamento de agentes nos mercados *spot* e futuro em detrimento dos fundamentos macroeconômicos (Evans e Lyons, 2001).

Ao aplicar a metodologia de Klitgaard e Weir (2004) para o mercado futuro de câmbio brasileiro, para dados mensais entre 2004 e 2011, pode-se chegar às seguintes conclusões:

- Para o período analisado, há uma forte relação empírica entre a posição de câmbio de alguns agentes na BM&F e a variação cambial no intervalo de um mês.
- *Os estrangeiros e investidores institucionais na ponta "certa".* A variação da posição líquida dos estrangeiros e investidores institucionais na BM&F está associada à variação cambial que proporciona ganhos com contratos de dólar futuro.
- *Os bancos na ponta "errada".* Para os bancos foi constatado o oposto do descrito acima: eles variam sua posição no sentido contrário à variação cambial que proporcionaria ganhos nos contratos futuros.
- Para as *firmas não financeiras* não foi encontrada nenhuma relação entre essas duas variáveis, o que é compatível com o uso *hedge* do mercado futuro, que não pressupõe uma visão direcional da taxa de câmbio.
- *Especulação e arbitragem.* Os resultados apresentados são compatíveis com a hipótese de que os estrangeiros e investidores institucionais formam tendências no mercado de câmbio futuro com objetivo de obter ganhos especulativos e que os bancos atuam para realizar ganhos de arbitragem transmitindo a pressão especulativa oriunda do mercado futuro para o mercado à vista.

2. ESPECIFICIDADES DA BASE DE DADOS

O estudo que segue associa duas séries de dados: a série de taxa de câmbio PTAX[124] e uma série da posição líquida dos agentes em dólar futuro

---

[124] A série utilizada foi a "taxa de câmbio — livre — dólar americano (venda)" divulgada pelo Banco Central do Brasil.

na BM&F. A BM&F fornece diariamente dados sobre os contratos de dólar futuro em aberto por tipo de participantes.[125] Esses dados apresentam o número de contratos de compra e de venda de dólar futuro para cada tipo de participante, sendo cada contrato no valor de US$ 50 mil. Dadas as características de um contrato futuro, o número de contratos de venda é sempre igual ao número de contratos de compra de dólar futuro.[126]

Para este estudo, selecionaram-se os agentes mais relevantes em termos de volume negociado em contratos de câmbio na BM&F; são eles: bancos, não residentes (estrangeiros), investidor institucional nacional e pessoas jurídicas não financeiras. A figura 16 apresenta a posição líquida desses agentes no primeiro dia útil de cada mês de janeiro de 2004 a maio de 2011.

Nota-se, nessa figura, um padrão de formação de posições dos agentes nesse mercado no qual os bancos fazem a contraparte dos investidores nacionais e estrangeiros nas operações de dólar futuro. Esse padrão se observa em vários períodos, como em maio de 2007, quando os bancos assumem posição comprada de US$ 11,7 bilhões e os estrangeiros assumem posição contrária recorde no valor de US$ 7 bilhões. Nos meses mais agudos da crise de 2008, as posições líquidas formadas no mercado de dólar futuro são altíssimas, os estrangeiros voltam a atuar fortemente no mercado, agora na ponta comprada em dólar e, conforme o padrão, os bancos atuam na outra ponta. Já o cenário pós-crise é de redução das posições líquidas no mercado futuro, entretanto, mantém-se a "divisão de tarefas" nesse mercado, onde os bancos assumem a ponta contrária dos estrangeiros e investidores institucionais. Nesse ponto, a questão que se coloca é qual a relação entre a formação de posições desses agentes e a variação da taxa de câmbio.

---

[125] Há cinco categorias de participantes: pessoa jurídica financeira, investidor institucional, investidor não residente, pessoa jurídica não financeira e pessoa física. A primeira categoria se divide em três outras: bancos, DTVMs e corretora de valores e outras jurídicas financeiras. Os investidores não residentes são aqueles que estão enquadrados na Resolução nº 2.689 do Banco Central.

[126] Há contratos de dólar futuro de várias maturidades na BM&F, entre esses, o contrato de um mês é o mais líquido. Os dados da BM&F agregam todos os contratos em aberto das diversas maturidades.

Figura 16
POSIÇÕES LÍQUIDAS EM DÓLAR FUTURO NA BM&F POR TIPO DE AGENTE

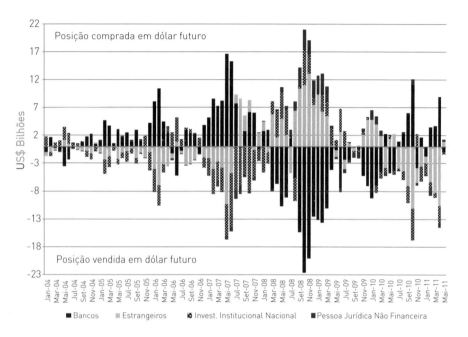

Fonte: BM&F. Elaboração própria.

3. ANÁLISE GRÁFICA

A relação entre a posição dos agentes no mercado futuro de câmbio e as variações cambiais pode ser avaliada pela análise visual da figura 17. Essa figura aponta um padrão de comportamento bastante claro dos estrangeiros, dos investidores institucionais e dos bancos. Os dois primeiros variam sua posição líquida prioritariamente da seguinte forma: nos meses em que o câmbio está apreciando eles aumentam a posição vendida em dólar (quadrante de baixo à esquerda) e quando o câmbio está depreciando eles aumentam a posição comprada em dólar futuro (quadrante do alto à direita). Para o período estudado, sabendo-se a variação da posição dos estrangeiros em determinado mês na BM&F, pode-se acertar a trajetória do câmbio no mesmo mês, com 68% de chance.

O padrão observado para os bancos é exatamente o oposto: nos meses em que a taxa se aprecia eles compram dólar futuro (quadrante do alto à esquerda) e nos meses em que a taxa deprecia eles acumulam posições vendidas em dólar (quadrante de baixo à direita). Para as firmas não financeiras, não há formação de grandes posições líquidas e tampouco há evidências gráficas de alguma correlação entre a variação cambial e a formação de posições no mercado futuro.

Figura 17
POSIÇÃO DOS AGENTES EM DÓLAR FUTURO E VARIAÇÃO CAMBIAL*

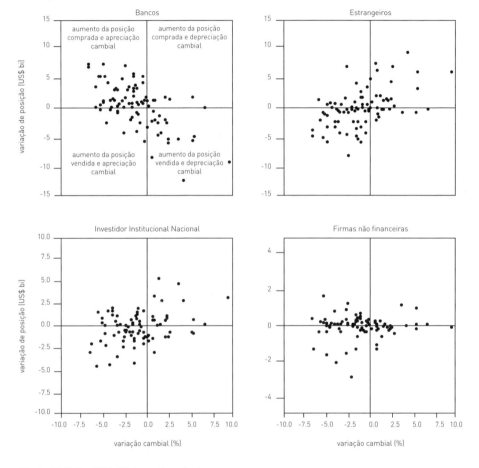

Fonte: BM&F e BCB. Elaboração própria.
* Os gráficos contêm observações que associam as variações mensais da taxa de câmbio (PTAX) com a variação da posição dos agentes mensal entre janeiro de 2004 e maio de 2011, calculadas com base no primeiro dia útil de cada mês. Foram eliminadas cinco observações discrepantes de um total de 88, conforme o critério estatístico dos Resíduos Studentizados (RStudent). Essas observações coincidem com o período mais agudo da crise de 2008 (out./dez.) e com outros momentos de grande variação cambial (jun. 2009 e fev. 2010).

4. ANÁLISE DE REGRESSÃO

A análise de regressão desses dados confirma estatisticamente a interpretação dos gráficos de dispersão. As regressões em questão apresentam-se da seguinte forma:

$$dfx_t = \alpha + \beta dp_t + \varepsilon_t$$

A variável dependente, *dfx*, é a variação percentual da taxa de câmbio real-dólar. A variável *dp* é a variação na posição líquida (contratos abertos comprados menos vendidos) do agente em dólar futuro em bilhões de dólares, uma variação positiva significa um aumento da posição comprada em dólar futuro em relação à posição vendida. Nesse contexto, o coeficiente β pode ser interpretado como a variação percentual média na taxa de câmbio quando há uma mudança de US$ 1 bilhão na posição líquida do agente.

Tabela 6

RESULTADO DAS REGRESSÕES: TAXA DE CÂMBIO
E POSIÇÃO NO MERCADO FUTURO

Regressão	Agentes	Coeficiente ß (estatísticas t)	Constante α (estatísticas t)	R2
1	Bancos	-0.49 (-6,66)*	-0.98 (-3,49)*	0.35
2	Estrangeiros	0.46 (5,02)*	-1.03 (-3,36)*	0.24
3	Investidor institucional	0.55 (-3,14)*	-1.05 (-3,16)*	0.11
4	Firmas não financeiras	0.31 (-0,26)	-1.07 (-3,06)	0
5	Estrangeiros + Inv. Institucionais	0.45 (-6,21)*	-0.99 (-3,44)*	0.32

Fonte: BCB e BM&F. Cálculos do autor.
* Significante a 1%.

Especificações do modelo: i) As regressões associam as variações mensais da taxa de câmbio (PTAX) à variação da posição dos agentes em dólar futuro entre janeiro de 2004 e maio de 2011, calculadas com base no primeiro dia útil de cada mês. Foram eliminadas cinco observações discrepantes de um total de 88, conforme o critério estatístico dos Resíduos Studentizados (RStudent). Essas observações coincidem com o período mais agudo da crise de 2008 (out./dez.) e com outros momentos de grande variação cambial (jun. 2009 e fev. 2010). ii) Os coeficientes são estimados por Mínimo Quadrados Ordinários. iii) Todas as séries utilizadas são estacionárias, de acordo com o teste de raiz unitária Augmented Dickey-Fuller (ADF). iv) O teste de correlação serial Lagrange Multiplier (LM) indicou ausência de correlação serial nos resíduos, com exceção da regressão 4 — que não constitui o foco de nossa análise — onde se detecta autocorrelação nos resíduos a 5%. v) O teste de Jarque-Bera indica distribuição normal dos resíduos, com exceção novamente da regressão 4, onde se rejeita a hipótese nula de normalidade dos resíduos a 5%.

A tabela 6 apresenta os resultados dessas regressões. A estimativa do coeficiente β da regressão (2) indica que, quando há uma variação de US\$ 1 bi na posição líquida em dólar futuro dos estrangeiros (compra de dólar futuro), há uma depreciação de 0,46% da taxa de câmbio no mesmo mês. Para o caso dos bancos ocorre o oposto: um aumento da posição comprada está associado a uma apreciação cambial de 0,5%. A regressão (4), relativa às firmas não financeiras, é a única cujos parâmetros não são significativos.

5. INTERPRETAÇÃO DOS RESULTADOS

Inicialmente, deve-se ter em mente que o uso de derivativos com a finalidade estrita de *hedge* não deve ser motivado por uma visão direcional da taxa de câmbio. Para o *hedge*, os agentes procuram o mercado futuro independentemente de expectativas quanto à taxa de câmbio no futuro: não há, portanto, motivos para variação de posições no mercado futuro conforme varia a taxa de câmbio. A posição das firmas não financeiras na BM&F é ilustrativa dessa condição.[127]

---

[127] Pode-se pensar em um fator que provoque um aumento da necessidade de *hedge* e ao mesmo tempo uma apreciação cambial, como uma entrada maciça de investidores estrangeiros no Brasil. Entretanto, o sentido da correlação seria o oposto ao apresentado neste trabalho: a apreciação cambial estaria associada ao aumento de posições compradas em dólar futuro, e não vendidas, como de fato ocorre.

Como mostrado na análise estatística, a formação de posição no mercado futuro dos agentes estrangeiros e dos investidores institucionais acompanha a tendência cambial no intervalo de um mês. Desse fato, decorrem duas possibilidades de interpretação:

1. A primeira é que esses agentes reagem aos movimentos de câmbio depois de o fato ocorrer. Nesse caso, esses agentes teriam um comportamento típico de "seguidor de tendência", na medida em que a formação de posição no mercado futuro segue as tendências de ganho nesse mercado.

2. A segunda hipótese é que esses agentes causam a variação cambial no mercado à vista. Nesse caso, a exposição líquida no mercado futuro desses agentes teria reflexo na taxa de câmbio futura e se transmite por arbitragem para o mercado à vista.

Para as causalidades envolvidas nessas hipóteses os testes usuais de causalidade de Granger não são conclusivos, tampouco são adequados.[128] A frequência das séries não é apropriada para captar a causalidade em um mercado informatizado onde a informação relevante para formação de preços circula em prazos muito curtos. Dessa forma, o horizonte temporal para análise da causalidade entre os mercados futuro e à vista é de natureza mais curta (hora-hora, minuto) e não há base de dados disponíveis para tal análise. No entanto, na falta de uma resposta estatística adequada para escolher uma das duas hipóteses anteriores, vale incorrer ao funcionamento do mercado de câmbio e mais especificamente para o papel dos bancos nesse mercado.

Seria ingênuo supor que os bancos perdem sistematicamente ao formarem posições no mercado futuro. O que os dados apontam é que esses agentes tomam a ponta contrária dos estrangeiros e investidores institucionais fundamentalmente para arbitrar entre os mercados à vista e futuro. Como a operação de arbitragem pressupõe duas operações equivalentes e contrárias nos mercados à vista e futuro, explica-se por que a variação da posição em dólar futuro dos bancos está negativamente correlacionada com a taxa de câmbio. Ou seja, uma compra de dólar futuro por parte dos bancos está associada a uma apreciação da taxa de câmbio à vista, uma vez que esses agentes

---

[128]   Os testes de causalidade de Granger, com 1 e 2 defasagens, não são conclusivos a 5%, para nenhuma das regressões.

vendem câmbio à vista simultaneamente à compra futura, assim como uma depreciação cambial está associada ao aumento de posições vendidas pelos bancos. Ademais, esses agentes são responsáveis pela arbitragem entre esses dois mercados devido ao acesso privilegiado às taxas de financiamento do interbancário nacional e internacional, caracterizadas por serem as mais baixas do mercado.

RESUMO E CONCLUSÕES

- Este capítulo se propôs a analisar a especulação e a arbitragem no Brasil com base na formação de posições dos agentes no mercado futuro. A análise desenvolvida identifica a correlação entre a posição de câmbio de alguns agentes na BM&F e a variação cambial no intervalo de um mês, entre janeiro de 2004 e maio de 2011.
- Nota-se um padrão de formação de posições dos agentes no mercado futuro, no qual os bancos fazem a contraparte dos investidores nacionais e estrangeiros nas operações de dólar futuro.
- O resultado da análise de regressão mostra que os estrangeiros e investidores institucionais estão predominantemente na ponta "certa" do contrato futuro. Ou seja, a variação da posição líquida dos estrangeiros e investidores institucionais na BM&F está associada à variação cambial que proporciona ganhos com contratos de dólar futuro, ao longo de um mesmo mês. Por outro lado, os bancos estão predominantemente na ponta "errada".
- Esses resultados são compatíveis com a hipótese de que os estrangeiros e investidores institucionais formam tendências no mercado de câmbio futuro com objetivo de obter ganhos especulativos, e que os bancos atuam para realizar ganhos de arbitragem transmitindo a pressão especulativa oriunda do mercado futuro para o mercado à vista.

CAPÍTULO 9

POLÍTICA CAMBIAL NO BRASIL[129]

Com base no que já foi discutido ao longo do livro, este capítulo trata da política cambial no Brasil a partir de um enfoque centrado na institucionalidade do mercado de câmbio brasileiro. O objetivo é avaliar como essa institucionalidade condiciona as políticas de câmbio no Brasil (como as intervenções do banco central, os controles sobre fluxos de capital, a regulação sobre a posição dos bancos e a taxação sobre as operações de derivativos) e, em particular, como a especulação opera nessa institucionalidade.

Na primeira seção do capítulo, analisam-se os motivos para uma política cambial ativa classificando-os de acordo com sua natureza, real ou financeira. Na segunda, apresenta-se um esquema parcial da política cambial considerando apenas o mercado à vista, insuficiente para explicar o impacto da política cambial na taxa de câmbio. Em seguida, acrescentam--se os mercados interbancário e futuro e analisa-se o impacto do circuito especulação-arbitragem que tem origem no mercado futuro de câmbio. Por fim, a última seção apresenta um esquema analítico da política cambial no Brasil.

1. MOTIVOS PARA UMA POLÍTICA CAMBIAL ATIVA

O debate sobre o uso ativo da política cambial é extenso, mas em linhas gerais passa pelo reconhecimento de motivos que fazem com que a taxa de câmbio determinada pelo mercado não seja necessariamente a mais adequada ao

---

[129] Este capítulo se baseia em Rossi (2015).

processo de desenvolvimento econômico. Para efeito analítico, apresentam-se quatro motivos que justificam uma política cambial ativa (figura 18). Eles se dividem em dois grupos: aqueles ligados a fatores reais que impactam a conta-corrente e aqueles derivados de motivações financeiras, decorrentes dos fluxos de capital e do mercado de derivativos.

Figura 18

QUATRO MOTIVOS PARA UMA POLÍTICA CAMBIAL ATIVA

Motivos da Política cambial	Reais	Financeiros
Administração da volatilidade	1. Ciclo de preços de *commodities*	3. Ineficiência dos mercados financeiros
Administração do patamar	2. Doença holandesa	4. *Carry trade*

Fonte: Elaborada pelo autor.

Motivo 1. O primeiro motivo para uma política cambial ativa é o ciclo de preços de *commodities*. Considerando o modelo de Hicks (1974), que diferencia os mercados entre *fixprice* e *flexprice*, tem-se que os setores que produzem bens industriais tendem a ajustar as quantidades produzidas diante de choques de demanda, enquanto os setores que produzem *commodities* tendem a ajustar os preços. Isso decorre da estrutura de competição e da natureza do processo produtivo em cada setor. No caso das *commodities* — bens padronizados, com ciclo de produto geralmente mais longo e dificuldade de trabalhar com capacidade ociosa — torna-se mais difícil responder rapidamente às variações na demanda com mudanças na quantidade ofertada.

Dessa forma, a receita de exportação do país produtor de *commodities* tende a ser mais volátil do que aquela de um país exportador de bens industriais e, portanto, a oferta de divisas decorrente do comércio externo dependerá do ciclo de preços dos produtos básicos. Essa instabilidade é transmitida para a taxa de câmbio e com isso afeta o restante da economia. Portanto, em países com uma pauta de exportação fortemente baseada em *commodities*, a política cambial é importante para amenizar o impacto da volatilidade destes preços na taxa de câmbio.

Motivo 2. A existência de um setor exportador de *commodities* e recursos naturais com altas vantagens competitivas leva ao segundo argumento ligado à conta-corrente que justifica o uso de uma política cambial ativa. Conforme Bresser-Pereira (2008), o protagonismo desse setor em uma economia nacional submete-a aos riscos da "doença holandesa", que se manifesta como uma tendência crônica à apreciação cambial. Um dos pontos relevantes dessa abordagem é a identificação de uma taxa de câmbio de equilíbrio para a conta-corrente cujo nível é mais apreciado do que aquele requerido para o desenvolvimento de um setor industrial competitivo.[130]

Mesmo que o conceito de "taxa de equilíbrio" e o caráter "crônico" da tendência à apreciação sejam objetos de debate, a tese da doença holandesa traz argumentos importantes para a discussão de política cambial no Brasil. Nesse caso, o papel da política cambial é o de evitar uma apreciação excessiva da taxa de câmbio decorrente das rendas do comércio externo e uma especialização da economia doméstica na produção de bens primários.

Motivo 3. O terceiro motivo para a política cambial é a necessidade de neutralizar as distorções temporárias ou conjunturais provocadas pelo setor financeiro. Essa motivação decorre do questionamento da validade da teoria dos agentes racionais e da hipótese dos mercados eficientes para os mercados de câmbio. O pressuposto é que os agentes têm dificuldades na coleta e no processamento das complexas informações que eles se confrontam e, por isso, instituem regras simples para guiar seu comportamento, que periodicamente são reavaliadas (De Grauwe e Grimalde, 2006). Não se trata de um comportamento irracional dos agentes, mas de um comportamento adequado diante da complexidade do mundo real.

Essas pressuposições se observam na estratégia grafista (ou de análise técnica) usada pelos operadores do mercado de câmbio de forma difundida.[131] A difusão da estratégia grafista, que substitui os modelos que utilizam

---

[130] "A doença holandesa ou maldição dos recursos naturais pode ser definida como a sobreapreciacão crônica da taxa de câmbio de um país causada por rendas ricardianas que o país obtém ao explorar recursos abundantes e baratos, cuja produção comercial é compatível com uma taxa de câmbio de equilíbrio corrente claramente mais apreciada do que a taxa de câmbio de equilíbrio industrial" (Bresser-Pereira e Gala: 2010:671).

[131] *"Most firms that actively trade foreign exchange use chartist models —not necessarily exclusively, though some seem to do that, but they are certainly among the tools routinely*

os fundamentos econômicos para guiar as apostas cambiais, resulta em um mercado não eficiente onde o descolamento entre a taxa de câmbio e os fundamentos é um fenômeno usual. Nesse sentido, o mercado financeiro não leva necessariamente a taxa de câmbio ao equilíbrio, e mostra-se sujeito aos comportamentos de manada, às assimetrias de informação etc. Cabe à política cambial corrigir essas distorções.

Motivo 4. Mas, no caso brasileiro, as distorções financeiras vão além da volatilidade e também causam tendências cambiais, que se materializam em processos longos de apreciação cambial intercalados com curtos e abruptos períodos de depreciação — como o experimentado nos meses de junho, julho e agosto de 2013. Esse padrão de comportamento da taxa de câmbio é pronunciado na economia brasileira por conta da alta rentabilidade de investimentos financeiros e principalmente das altas taxas de juros praticadas no país.

As operações de *carry trade* constituem o quarto motivo para política cambial. Como apresentado nos capítulos 3, a operação de *carry trade* consiste em um investimento intermoedas onde se forma um passivo (ou uma posição vendida) na moeda de baixas taxas de juros e um ativo (ou uma posição comprada) na moeda de juros mais altos. Já no capítulo 5 vimos como essa operação pode se apresentar como um dos principais mecanismos de transmissão do ciclo de liquidez internacional para as taxas de câmbio. Nesse sentido, a política cambial voltada para o *carry trade* deve ser destinada a neutralizar os ganhos especulativos com diferenciais de juros dos agentes financeiros.

2. MERCADO PRIMÁRIO E A POLÍTICA CAMBIAL

A figura 19 mostra um esquema parcial do mercado de câmbio que restringe seu funcionamento a um problema de oferta e demanda por divisas pelos agentes primários, residentes e não residentes (exportadores, importadores, investidores financeiros etc.) que selam contratos de câmbio de compra e venda de dólar que, em seu conjunto, definem o conceito de fluxo cambial contratado.

---

employed" (Willianson, 2008:10).

Figura 19
ESQUEMA PARCIAL: MERCADO PRIMÁRIO E A POLÍTICA CAMBIAL

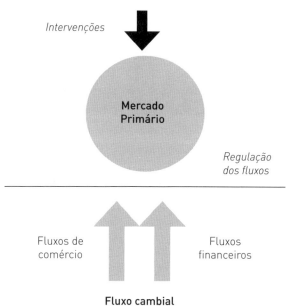

Fonte: Elaborada pelo autor.

Ao considerar isoladamente o mercado primário, a formação da taxa de câmbio depende do fluxo cambial líquido que resulta das relações comerciais e financeiras dos agentes primários. Nesse contexto, a política cambial é concebida para administrar o excesso ou a escassez do fluxo de divisas. Assim, o efeito de um fluxo cambial positivo (negativo) sobre a taxa de câmbio pode ser neutralizado pela compra (venda) de reservas cambiais pelo banco central ou por uma política de regulação da entrada (saída) dos fluxos de capital. No primeiro caso, a política de intervenções exige a administração de reservas cambiais, cujo estoque implica custos fiscais elevados para a economia brasileira, já, no segundo caso, os instrumentos de regulação não implicam custo fiscal e em alguns casos, como nos de aplicação do IOF, geram benefícios para os cofres públicos.

Contudo, essa concepção da política cambial, limitada a uma política de intervenção no mercado primário e de regulação dos fluxos de capital, não somente é estreita, mas é particularmente inadequada para as especificidades do mercado de câmbio brasileiro.

Figura 20
O FLUXO CAMBIAL MENSAL E AS INTERVENÇÕES DO BANCO CENTRAL

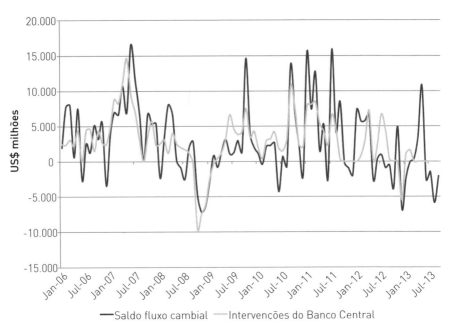

Fonte: Banco Central do Brasil. Elaborada pelo autor.

A figura 20 mostra que, entre 2006 e 2013, a política de intervenções do Banco Central do Brasil foi pautada, *grosso modo*, pela absorção do fluxo cambial por meio da compra de reservas ou pelo fornecimento de liquidez ao mercado por meio de venda de dólares.[132] A despeito da "neutralização" do fluxo cambial, a taxa de câmbio foi bastante volátil nesses anos e passou por ciclos de apreciação e depreciação.[133] Nesse sentido, o fluxo cambial não explica os movimentos da taxa de câmbio real/dólar no período recente, tampouco a taxa de câmbio pode ser administrada por uma política cambial restrita às intervenções e à regulação dos fluxos de capital. Há dois outros elementos importantes no mercado de câmbio brasileiro que devem ser con-

---

[132] O saldo do fluxo cambial desse período foi de US$ 261 bilhões enquanto a acumulação líquida de reservas decorrente das intervenções foi de US$ 256 bi.
[133] O ano de 2013 foge do padrão observado. Nesse ano, há uma clara mudança de estratégia do banco central em priorizar as intervenções com *swaps* cambiais.

siderados para uma análise completa da política cambial: o mercado de derivativos e o mercado interbancário de câmbio.

3. MERCADO FUTURO E INTERBANCÁRIO: O CIRCUITO ESPECULAÇÃO-ARBITRAGEM

Como visto no capítulo 6, uma característica fundamental do mercado de câmbio brasileiro é a assimetria de liquidez entre a negociação de reais à vista, nos mercados primário e interbancário, e de derivativos, essencialmente o mercado de dólar futuro da BM&F.

Um dos principais motivos para essa assimetria de liquidez é uma assimetria regulatória entre esses mesmos mercados. A formação de posições no mercado de câmbio à vista é restrita a instituições bancárias e corretoras especializadas, que devem ter autorização do Conselho Monetário Nacional e suas operações formalizadas em contratos de câmbio e registradas no Sisbacen.[134] Já no mercado futuro da BM&F qualquer agente pode formar posições abertas em dólar futuro, desde que cadastrado no sistema dessa instituição. As menores exigências regulatórias e a facilidade de acesso condicionam a atuação dos agentes do mercado de câmbio e atraem investidores estrangeiros para a negociação da moeda brasileira no mercado futuro.

Como visto no capítulo 6, no mercado de dólar futuro brasileiro não há negociação de dólares. Negocia-se o valor em reais da variação de uma determinada quantidade de dólares em relação à moeda brasileira. Como as operações são liquidadas em reais, não há contratos de câmbio, tampouco movimentação de divisas e, portanto, a legislação cambial, que condiciona a negociação de divisas no mercado à vista, não se aplica a esse mercado.

Por conta dessa assimetria de liquidez, a taxa de câmbio se forma primeiro no mercado futuro e é transmitida por arbitragem para o mercado à vista. Essa é uma visão difundida entre os operadores de mesa de câmbio do mercado financeiro, fato que é tomado como "intuitivo" uma vez que a liquidez se concentra nesse mercado e por conta de o mercado tomar a taxa futura como referência para a cotação dos demais mercados. O trabalho de

---

[134] Em 20 de setembro de 2013, 190 instituições estavam autorizadas a operar no mercado de câmbio.

Ventura e Garcia (2009) identificou que o mercado futuro tem precedência temporal sobre a cotação da taxa de câmbio à vista, defasagens de 10 minutos. Outros autores sustentam a posição de que a taxa de câmbio se forma no futuro, como Franco (2000) e Dodd e Griffith-Jones (2007), esses últimos argumentando com base em entrevistas.

O mercado futuro está ligado ao mercado à vista por relações de arbitragem. Os preços futuros, além de riscos e expectativas, expressam essas condições de arbitragem. O termômetro para arbitragem entre o mercado futuro e à vista é o cupom cambial. Como visto no capítulo 7, essa variável pode ser definida como a taxa de juros em dólar no mercado brasileiro. O cupom cambial aumenta quando o preço do dólar futuro se aproxima do preço do dólar à vista e se reduz quando eles se distanciam. A intuição por detrás disso está no fato de que, quando há um excesso de oferta de dólar no mercado futuro, o *hedge* cambial fica mais barato e, assim, as aplicações em dólar *onshore*, com cobertura cambial, ficam mais bem remuneradas.

Figura 21
ILUSTRAÇÃO DO CIRCUITO ESPECULAÇÃO-ARBITRAGEM

Fonte: BM&F e Banco Central do Brasil. Elaborada pelo autor.

O importante é notar que o circuito especulação-arbitragem se inicia com um excesso de oferta ou de demanda no mercado futuro e a partir daí dá origem à arbitragem entre os mercados (figura 21). No caso de um excesso de oferta de dólares futuros, por exemplo, o cupom cambial aumenta, o que torna as aplicações em dólar *onshore* convidativas quando comparadas às taxas de captação *offshore*. Isso abre espaço para arbitradores que assumem a ponta comprada do mercado futuro e, ao mesmo tempo, tomam recursos no exterior para vender dólares no mercado doméstico.[135] Por conseguinte,

---

[135] Com isso, o agente fica comprado em dólar futuro e vendido em dólar à vista, o que equivale a estar "aplicado" em cupom cambial.

o excesso de oferta de dólares por parte dos arbitradores tende a apreciar a taxa de câmbio à vista.

No Brasil, a arbitragem é realizada fundamentalmente pelos bancos, que são autorizados pelo Conselho Monetário Nacional a atuar no mercado interbancário de câmbio. Essa se realiza por meio das operações de "linha interbancária internacional" que são as únicas operações de câmbio entre residentes e não residentes que não exigem contrato de câmbio, logo não constam no fluxo cambial. Essa captação de recursos tampouco está sujeita aos controles de capitais que porventura incidem sobre os agentes primários.[136]

Considerando o circuito especulação-arbitragem e o que foi apresentado nos capítulos anteriores: 1) o movimento da taxa de câmbio não está necessariamente ligado ao fluxo de câmbio; 2) a estratégia dos bancos quanto à formação de posição de câmbio é um elemento importante para a formação da taxa de câmbio e 3) essa estratégia dos bancos quanto à posição cambial depende da arbitragem que realizam e da pressão especulativa no mercado de dólar futuro. Nesse sentido, os bancos, guiados pelo mercado futuro, representam uma fonte relativamente autônoma de oferta e demanda de divisas para o mercado primário.

4. POLÍTICA CAMBIAL NO BRASIL: UM ESQUEMA ANALÍTICO

Ao considerar o mercado futuro e o mercado interbancário, a operação da política cambial pode ser esquematizada conforme a figura 22. Nesse contexto, a atuação do banco central restrita ao mercado à vista pode ser pouco eficaz, pois, por um lado, ela afeta a cotação da taxa de câmbio à vista ao absorver ou prover liquidez no mercado, mas, por outro, ela não afeta diretamente o circuito especulação-arbitragem que, dependendo da intensidade, pode perdurar mesmo com intervenções sistemáticas do banco central.

Ou seja, a especulação de venda (compra) de dólares futuros aumenta (diminui) o cupom cambial e incentiva arbitragem dos bancos, que vendem (compram) dólar no mercado interno e ao mesmo tempo compram (vendem) dólar futuro, fazendo a contraparte do especulador e assumindo uma

---

[136] O fator gerador de IOF é o contrato de câmbio, o que constitui um empecilho técnico para a aplicação do imposto nas operações de linha.

posição em dólar comprada no mercado futuro e vendida no mercado à vista. As intervenções do banco central, nesse contexto, fazem a contraparte dos bancos no mercado à vista e podem não impedir um ciclo especulativo de apreciação ou depreciação da moeda brasileira. Além disso, a intervenção pode incentivar mais "entrada" ou "saída" de dólar por conta do seu impacto sobre o cupom cambial, conforme discutido no anexo deste capítulo.

Figura 22
MERCADO DE CÂMBIO E A POLÍTICA CAMBIAL

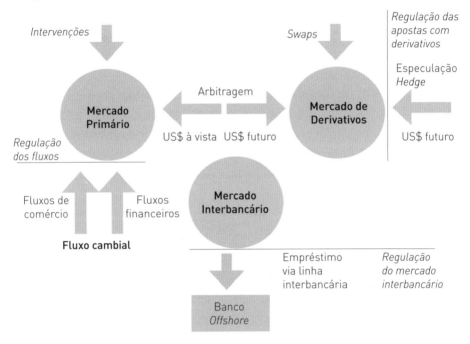

Fonte: Elaborada pelo autor.

Já a atuação com *swaps* cambiais pode ter a vantagem de afetar diretamente o mercado onde se forma a taxa de câmbio e se origina a especulação. Esse instrumento influi na formação da taxa futura e assim evita a contaminação da taxa de câmbio à vista. Essa atuação pode afetar o circuito especulação-arbitragem uma vez que o banco central faz a contraparte do especulador, tirando o arbitrador da operação, o que evita a variação da posição dos bancos. E, ao absorver ou prover liquidez em dólar futuro, o banco central também ameniza a variação do cupom cambial. Contudo, os leilões de *swaps* também podem conviver passivamente com a especulação cambial e nos momentos mais críticos, de forte formação de posições especulativas, podem não ter o efeito desejado sobre a taxa de câmbio.

No Brasil, particularmente nos ciclos de apreciação cambial anterior (2003-08) e posterior (2009-12) à crise financeira de 2008, o banco central foi parte integrante do circuito especulação-arbitragem, pois não agiu diretamente sobre as causas da apreciação cambial da moeda brasileira, apesar de amenizar os efeitos. Na altura, dadas as especificidades do mercado de câmbio brasileiro, a política cambial exigia uma abrangência maior para conter os ciclos de apreciação.

Até 2011, a política cambial se restringiu à regulação dos fluxos de capital e às intervenções nos mercados à vista e de derivativos, com os *swaps* reversos e tradicionais. Já em janeiro de 2011, o banco central atuou sobre a estrutura regulatória do mercado interbancário e impôs custos às posições vendidas dos bancos.[137] Essa regulação teve efeito direto sobre o circuito especulação-arbitragem uma vez que aumentou o custo de captação dos bancos pelas linhas interbancárias e modificou a formação do preço do dólar futuro, aumentando o cupom cambial e onerando também a especulação no mercado futuro.

Em julho de 2011, o governo direcionou a política cambial para a regulação do mercado de derivativos. Por meio da Medida Provisória nº 539, ficou possibilitada a determinação de depósitos sobre os valores nocionais dos contratos, fixar limites, prazos e outras condições sobre as negociações dos contratos. Além disso, institui-se um imposto de 1% sobre o valor nocional das operações que resultem em aumento da exposição líquida vendida dos agentes.[138] Essa medida atingiu o cerne da especulação cambial que vinha ocorrendo até então pela apreciação da moeda brasileira.

Com essas medidas de política cambial, somadas aos IOF sobre fluxos financeiros, montou-se uma institucionalidade capaz de mitigar a apreciação da moeda brasileira e de administrar a taxa de câmbio. Essa capacidade de administração da taxa de câmbio se mostrou relevante no segundo semestre de 2012, em particular entre 4 de julho e 12 de novembro de 2012, quando a taxa de câmbio flutuou dentro do intervalo entre R$/US$ 2,00 e

---

[137] Circular nº 3.520.
[138] Decreto nº 7.536.

2,05, o que constitui sua menor volatilidade desde o abandono do regime de bandas cambiais em 1999. As medidas regulatórias instituídas sobre o mercado de derivativos e o mercado interbancário mitigaram a especulação pela apreciação do real e permitiram ao banco central o manejo da taxa de câmbio com intervenções (vendas e compras) e *swaps* (tradicional e reverso), que mostraram impacto mais efetivo na formação da taxa de câmbio e na dissuasão do mercado financeiro em suas empreitadas especulativas. Nesse curto período, o real se desgarrou do ciclo de liquidez e deixou de estar correlacionado com outras moedas, com o índice de *commodities* e com outras variáveis financeiras.

Contudo, a eficiência desse aparato regulatório foi restrita a conter a especulação pela apreciação da moeda brasileira e nada dificultou a montagem do circuito especulação-arbitragem na direção inversa, no sentido da depreciação do real, estruturado a partir das posições compradas em dólar futuro, quando o ciclo de liquidez internacional passou a contribuir para uma depreciação da moeda brasileira. Quando isso ocorreu, o aparato regulatório montado (controles de capital, oneração das posições dos bancos e imposto sobre derivativos) foi gradualmente sendo desmontado. Em seu lugar, o banco central instituiu uma política de *swaps* tradicionais diários, iniciada em 22 de agosto de 2013 e que durou até março de 2015.[139]

Dessa forma, ocorreu no Brasil uma curta experiência de regulação do mercado de câmbio que se aplicou às três dimensões do mercado: primário, interbancário e de derivativos. Essa experiência, que merece estudos aprofundados, jogou areia no circuito arbitragem-especulação ao longo de seu curto período de duração. A despeito dessa, permanecem no Brasil as características estruturais que condicionaram os ciclos especulativos do passado, em particular uma forte assimetria de liquidez entre o mercado à vista e o mercado de derivativos que torna a institucionalidade do mercado brasileiro particularmente permeável à atividade especulativa.

---

[139]   O programa começou oficialmente em 22 de agosto de 2013, com uma oferta diária de *swaps* de US$ 500 milhões (de segunda a quinta-feira) e um leilão de US$ 1 bilhão em linhas compromissadas (*repo lines*) na sexta-feira. Em 18 de dezembro de 2013 o Banco Central anunciou uma extensão do programa, com uma menor intervenção (US$ 200 milhões por dia) e leilões de linhas compromissadas de acordo com a demanda.

RESUMO E CONCLUSÕES

- Para efeito analítico, apresentam-se quatro motivos que justificam uma política cambial ativa. Dois desses ligados aos fatores reais: o ciclo de *commodities* e a doença holandesa; e dois derivados de motivações financeiras: a ineficiência dos mercados financeiros e o *carry trade*.

- Ao considerar isoladamente o mercado primário, a formação da taxa de câmbio depende do fluxo cambial líquido que resulta das relações comerciais e financeiras dos agentes primários. Nesse contexto, a política cambial de intervenções ou de controle de capitais é concebida para administrar o excesso ou a escassez do fluxo de divisas.

- A taxa de câmbio se forma primeiro no mercado futuro e é transmitida por arbitragem para o mercado à vista. Esse fato é tomado como "intuitivo" uma vez que a liquidez se concentra nesse mercado e por conta de o mercado tomar a taxa futura como referência para a cotação dos demais mercados.

- Considerando o circuito especulação-arbitragem e o que foi apresentado nos capítulos anteriores: 1) o movimento da taxa de câmbio não está necessariamente ligado ao fluxo de câmbio; 2) a estratégia dos bancos quanto à formação de posição de câmbio é um elemento importante para a formação da taxa de câmbio; e 3) essa estratégia dos bancos quanto à posição cambial depende da arbitragem que realizam e da pressão especulativa no mercado de dólar futuro.

- Até 2011, a política cambial no Brasil se restringiu à regulação dos fluxos de capital e às intervenções nos mercados à vista e de derivativos, com os *swaps* reversos e tradicionais. Já em janeiro de 2011, o banco central atuou sobre a estrutura regulatória do mercado interbancário e impôs custos às posições vendidas dos bancos.

- Em julho de 2011, o governo direcionou a política cambial para a regulação do mercado de derivativos. Por meio da Medida Provisória nº 539, ficou possibilitada a imposição de depósitos sobre os valores nocionais dos contratos, fixar limites, prazos e outras condições sobre as negociações dos contratos.

- A capacidade de a política cambial administrar a taxa de câmbio se mostrou relevante no segundo semestre de 2012, em particular entre

TAXA DE CÂMBIO E POLÍTICA CAMBIAL NO BRASIL

4 de julho e 12 de novembro de 2012, quando a taxa de câmbio flutuou dentro do intervalo entre R$/US$ 2,00 e 2,05, o que constitui sua menor volatilidade desde o abandono do regime de bandas cambiais em 1999.

- A eficiência desse aparato regulatório foi restrita a conter a especulação pela apreciação da moeda brasileira e nada dificultou a montagem do circuito especulação-arbitragem na direção inversa, no sentido da depreciação do real, estruturado a partir das posições compradas em dólar futuro, quando o ciclo de liquidez internacional passou a contribuir para uma depreciação da moeda brasileira.

- A despeito dessa experiência de regulação do mercado de câmbio, permanecem no Brasil as características estruturais que condicionaram os ciclos especulativos do passado, em particular uma forte assimetria de liquidez entre o mercado à vista e o mercado de derivativos que torna a institucionalidade do mercado brasileiro particularmente permeável à atividade especulativa.

ANEXO

NOTAS SOBRE OS INSTRUMENTOS DE POLÍTICA CAMBIAL

INTERVENÇÕES DO BANCO CENTRAL

As intervenções do Banco Central, por leilões de compra ou venda de dólares, ocorrem no mercado interbancário de dólares e têm efeito sobre a formação da taxa de câmbio ao alterar a liquidez nesse mercado. O Banco Central é, portanto, um *player* importante com capacidade de formar preço no mercado interbancário. Há, contudo, uma importante consideração a ser feita sobre essa política que se refere ao seu impacto sobre o cupom cambial.

Ao intervir no mercado à vista por meio de um leilão de compra de dólares, *ceteris paribus*, a taxa de câmbio à vista se deprecia e se aproxima da cotação da taxa de câmbio futura, o que aumenta o cupom cambial, conforme anteriormente. Nesse caso, pode-se dizer que, ao retirar liquidez do mercado primário, no curtíssimo prazo, o Banco Central também aumenta o prêmio para reposição dessa liquidez pelo mercado. Com o cupom cambial mais alto, os bancos captam recursos via operações de linha e vendem esses recursos para o Banco Central, em uma operação típica de arbitragem.[140] Dessa forma, a intervenção pode incentivar a "entrada" de mais dólares. Se o Banco Central comprar o equivalente ao fluxo cambial, *ceteris paribus*, não há motivos para aumentar o cupom cambial uma vez que se mantém inalterada a condição de liquidez do mercado à vista. No entanto, se a compra for

---

[140] Dada a operacionalidade do leilão de divisas do Banco Central, os bancos comerciais vendem as divisas ao Banco Central e têm dois dias para entregar os recursos que podem ser captados por operações de linha junto a uma filial desse banco no exterior.

acima do fluxo cambial, as condições do mercado se alteram e pode haver pressão sobre o cupom cambial.

Uma forma de equacionar esse problema é a intervenção via leilões de *swaps* reversos. O efeito do *swap* reverso é de "amenizar" o cupom cambial, pois pressiona pela depreciação da taxa de câmbio futura, o que inibe a arbitragem dos bancos.[141] Os *swaps* reversos, registrados na BM&F, são equivalentes à compra de dólar futuro. Assim como os contratos futuros, os *swaps* também oferecem ajustes diários, no entanto, diferentemente desses, não há contraparte central e os contratos são customizados no que se refere aos prazos de vencimento e aos lotes. Como exemplo, o Banco Central pode realizar um *swap* de US$ 1 bilhão dividido em três lotes que vencem em datas diferentes.

Os leilões a termo, introduzidos pelo Banco Central em 2011, têm um propósito um pouco distinto dos *swaps*. Esses envolvem entrega física de divisa e são úteis quando, por exemplo, uma grande empresa tem uma quantia muito grande de recursos a ser internalizada em uma data futura. Nesse contexto, o leilão de compra de dólares a termo cumpre um papel de evitar que uma grande quantia de dólares altere em demasiado a liquidez do mercado de câmbio.

CONTROLES DE FLUXOS DE CAPITAIS

Como descrito ao longo deste livro, o Banco Central tem controle sobre as operações de câmbio dos agentes primários a partir dos contratos de câmbio sobre os quais, tecnicamente, é aplicado o IOF. Esse controle se estende para as operações que não envolvem câmbio de divisas, mas que mudam a natureza dos investimentos externos. Dessa forma, do ponto de vista técnico, não há dificuldades para aplicação desse tipo de controle de capital. No entanto, quando há fluxos de capitais que não estão sujeitos ao imposto, a entrada de recursos externos pode ser desviada para esses canais, como os investimentos diretos. Contudo, a captação de recursos por essa via deve ponderar algumas

---

[141] No limite, uma intervenção via *swap* reverso pode colocar o cupom cambial abaixo da taxa de juros externa, o que incentiva a arbitragem no sentido oposto ao que vem sendo discutido: os bancos captam no mercado doméstico e aplicam os recursos no exterior.

restrições relacionadas com a natureza do investimento uma vez que as captações por investimento direto têm a característica de modificar a estrutura de capital de uma empresa.[142]

Alguns fluxos classificados como comerciais, como as antecipações de receitas de exportações, também oferecem formas de *carry trade*. Existem duas formas de antecipação do valor das exportações no Brasil: o Adiantamentos sobre Contratos de Câmbio (ACC) e o Pagamento Antecipado de Exportação (PA). O primeiro usa o sistema bancário doméstico como intermediário e o segundo é uma relação de crédito direta com um não residente (banco estrangeiro ou com o importador), e ambos estão sujeitos à exportação física de mercadorias dentro de um prazo estipulado. Essa última condição deu origem a um mercado secundário de performances de exportação que negocia o direito de exportação de produtos prontos para serem exportados (Rossi e Prates, 2013). Esse mercado permite, em tese, que agentes não exportadores façam uso das linhas de crédito à exportação.[143] Nesse sentido, embora a finalidade desses instrumentos seja financiar a produção e o processo de comercialização de produtos para exportação, esses recursos podem ser desviados para uma aplicação de renda fixa caracterizando assim uma estratégia de *carry trade* que escapa aos controles de fluxo de capital.

Em condições normais, os controles de capitais também afetam a operação do mercado futuro. O imposto sobre fluxo de capital, ao aumentar o custo de captação externo, pode modificar os parâmetros do mercado futuro reduzindo o *forward premium* e aumentando o cupom cambial, como desenvolvido no capítulo 7. Quando o custo do imposto é incorporado ao cupom cambial, as operações de venda de dólar futuro ficam mais custosas, logo há um desincentivo à especulação no mercado futuro. Entretanto, os controles de capitais podem não afetar a atividade no mercado futuro uma

---

[142]   Os empréstimos intercompanhia que constam no balanço de pagamento na rubrica do investimento direto estão sujeitos a IOF. Esses são uma categoria estatística do Banco Central, e não existem como categoria de contrato de câmbio. Do ponto de vista legal e normativo esses são contratos de empréstimos em que ambas as partes são a mesma empresa. Essa categoria não existe para bancos.

[143]   "Por outro lado, as condições de funcionamento do mecanismo de ACC/ACE permitem a compra de *performance* de exportação entre companhias, e isso tem atraído a demanda de empresas que não operam no comércio exterior, ocasionando um desvio considerável de recursos para atividades não exportadoras" (Blumenschein e Leon, 2002:189).

vez que atuam apenas sobre fluxo cambial. Como mostrado no capítulo 6, as operações de linha do sistema bancário prescindem de contrato de câmbio e não estão sujeitas a IOF. Dessa forma, quando há canais de arbitragem livres, um ciclo de apreciação com origem no mercado futuro fica isento da influência dos controles. Nesse contexto, medidas de controle de capital devem ser articuladas com outras medidas regulatórias.[144]

MEDIDAS REGULATÓRIAS

Há diversas medidas regulatórias que podem ser aplicadas dependendo do grau de controle que o governo deseja ter sobre o mercado de câmbio. Entre elas estão aquelas associadas à formação de posição pelos bancos e aquelas direcionadas ao mercado de derivativos. Sobre o primeiro grupo deve-se ter em conta o papel dos bancos de arbitrador entre os mercados à vista e futuro. Essa arbitragem não é responsável pela formação de tendências na taxa de câmbio, mas é parte indispensável da transmissão das tendências formadas em um dos mercados.

O canal de captação dos bancos para essa arbitragem são as operações de linha que, como visto, estão isentas de contratos de câmbio e de IOF. A taxação dessas operações exigiria mudanças na institucionalidade no mercado. Um primeiro problema, de natureza técnica, é a taxação de operações que prescindem de contrato de câmbio.[145] Outro problema, de natureza econômica, é que grande parte das operações de linha são usadas para o financiamento do comércio exterior, por meio das operações de adiantamento de contrato de câmbio (ACC).

O recurso usado pelo Banco Central em 2011 para conter as captações via operações de linha foi a oneração do excesso de posições vendidas dos

---

[144] Outras questões podem ser levantadas a respeito dos controles de capitais. Uma delas é que esse pode ter um efeito inicial maior uma vez que tem impacto sobre as expectativas dos agentes. Esse efeito tende a se dissipar na medida em que o mercado se adapta às novas condições. Outro ponto, não menos relevante, é que os impostos sobre fluxos de capitais podem levar parte das operações de renda variável para o exterior. Mas vale notar que, quando de uma emissão primária de ações, se o objetivo da firma for de financiamento das atividades em âmbito doméstico, essa terá que pagar o imposto quando internalizar os recursos.

[145] O fator gerador de IOF é o contrato de câmbio, por isso, segundo informações de entrevistas, haveria dificuldades técnicas para a aplicação do imposto.

bancos.[146] Há dois pontos importantes nessa medida: primeiro, a oneração sobre as posições vendidas acima de determinado nível aumenta o custo de captação dos bancos, o que aumenta o cupom cambial. Nesse caso, ela também onera a especulação no mercado futuro. O segundo ponto é que a redução desse limite pode ser uma política extremamente eficiente para, no curto prazo, afetar a taxa de câmbio. Quando os bancos estão operando no limite de sua posição vendida, uma redução desse limite gera uma corrida ao mercado para compra de dólares, ou de captações no exterior, para o mesmo propósito.

A regulação sobre o mercado de derivativos é tema que exige uma reflexão mais aprofundada do que a que está aqui proposta, contudo vale destacar o impacto de algumas medidas recentes adotadas no Brasil. Em 2010 e 2011, o governo atuou de duas formas sobre o mercado de derivativos: por meio de imposto sobre margem na BM&F e sobre a posição vendida dos agentes. Em 2010, o governo institui um IOF de 6% para composição de margem na BM&F pelos investidores estrangeiros.[147] Esse tipo de impostos tem o efeito de onerar as operações em mercado futuro para os estrangeiros, mas também pode promover uma migração das operações de bolsa para o ambiente de balcão.

Em julho de 2011, por meio da Medida Provisória nº 539, o governo ampliou as possibilidades de intervenção no mercado de derivativos; a partir de então, ficou possibilitada a imposição de depósitos sobre os valores nocionais dos contratos, fixar limites, prazos e outras condições sobre as negociações dos contratos. Além disso, institui-se um imposto de 1% sobre o valor nocional das operações que resultem em aumento da exposição líquida vendida de um agente.[148] Essa medida impõe alguns desafios técnicos, uma vez que nenhuma instituição do governo tem acesso às posições dos agentes na

---

[146] Ver Circular nº 3.520.

[147] Decreto nº 7.330, de outubro de 2010. Outras medidas complementares evitam que os estrangeiros migrem recursos de outras aplicações ou tomem empréstimos para constituição dessas margens. A Resolução nº 3.914 veda às instituições financeiras "a realização de aluguel, troca ou empréstimo de títulos, valores mobiliários e outro ativo financeiro para investidor não residente cujo objetivo seja o de realizar operações nos mercados de derivativos". A outra resolução do CMN, de nº 3.915, obriga a realização de operações de câmbio simultâneo "a todas as migrações internas de recursos em real destinados à constituição de margens de garantia, inicial ou adicional, realizadas por investidor não residente no país".

[148] Decreto nº 7.536.

BM&F ou no mercado de balcão. Ou seja, a tarefa de coleta do IOF fica delegada às instituições do mercado, nomeadamente à BM&F e à Cetip. Uma vez vencidos os entraves técnicos, há inicialmente dois efeitos dessa medida.

O primeiro, de caráter regulatório, é permitir ao governo um melhor monitoramento do mercado e uma maior capacidade de avaliação dos riscos do sistema uma vez que a exposição cambial dos agentes é uma variável importante para dimensionar os riscos financeiros decorrentes do descasamento de moedas. O segundo efeito das medidas é o desincentivo à especulação pela apreciação do real, pois, ao taxar a formação de posições vendidas, o governo inibe a formação de ciclos de apreciação originados no mercado de derivativos, conforme descrito neste capítulo. No entanto, por tabela, as medidas acertam também alguns agentes *hedge* do sistema, como os exportadores. Para fazer *hedge* de receitas futuras em dólares, os exportadores podem formar posições vendidas diretamente na BM&F ou, alternativamente, podem recorrer ao sistema bancário por meio dos adiantamentos de contratos de câmbio (ACC). No primeiro caso, o IOF incide diretamente sobre a empresa exportadora; já no segundo, os bancos que ofereceram o ACC provavelmente vão cobrir posição vendendo dólar futuro e, com isso, repassar o custo do IOF para o exportador. Por conta disso, oito meses após instituir o IOF sobre derivativos, o governo isentou condicionalmente os exportadores desse imposto.[149]

Há, contudo, outras questões a serem consideradas acerca da taxação dos mercados de derivativos. Entre elas está a consideração de que as medidas são inócuas, pois exportam o mercado de derivativos de câmbio para o exterior. No entanto, a análise deste capítulo não corrobora essa afirmação, uma vez que os impostos sobre derivativos serão transmitidos ao mercado *offshore* pela própria dinâmica do mercado.

Para tornar mais claro o argumento, vale retomar o exemplo do capítulo 4 que ilustra a forma de operação de um banco *offshore*: esse banco oferece um fundo com rendimento atrelado à moeda brasileira, ou um contrato de NDF em reais, a um cliente que fica vendido em dólares e comprado em reais, enquanto o banco assume a ponta contrária. Logo, o cliente aufere

---

[149] O Decreto nº 6.699 estipula que o valor total da exposição cambial vendida diária referente às operações com contratos de derivativos não poderá ser superior a 1,2 (um inteiro e dois décimos) vez o valor total das operações com exportação realizadas no ano anterior pela pessoa física ou jurídica titular dos contratos de derivativos.

diferencial de juros e ganha com a apreciação da moeda brasileira enquanto o banco paga o diferencial de juros e ganha com a depreciação do real. Para fazer *hedge* dessa operação, o banco recorre ao mercado *onshore* e vende dólares futuros na BM&F. Contudo, ao se deparar com um imposto para tal operação, é natural que o banco repasse esse custo para seu cliente *offshore* reduzindo a demanda por aplicações em reais. Nesse sentido, as medidas atingem os especuladores, tanto *onshore*, quanto *offshore*.

Por fim, a taxação das operações de derivativos pode tornar a formação da taxa de câmbio do real menos sujeita aos ciclos especulativos. Ademais, ela pode gerar mudanças importantes na operacionalização do mercado de câmbio como a transferência de operações do mercado de derivativos para o mercado à vista, assim como aquecimento do mercado interbancário como instrumento de *hedge* para os bancos. Essas mudanças devem ser acompanhadas de perto pelo governo, uma vez que podem tornar obsoletos aspectos regulatórios existentes e, mais importante, podem tornar necessárias novas medidas para o melhor funcionamento do mercado.

BOXE 2: POLÍTICA CAMBIAL: MITOS E FATOS ESTILIZADOS

"Os juros não são uma causa importante da apreciação do real, pois o fluxo financeiro para renda fixa no balanço de pagamentos é pequeno."
- Essa análise, apesar de muito comum, é errada por desconsiderar por completo o papel do mercado futuro na formação da taxa de câmbio. Os ganhos especulativos com diferencial de juros no mercado futuro não são captados pelos fluxos de portfólio do balanço de pagamentos.

"Os controles de capitais não funcionam, pois transferem o mercado de derivativos para fora."
- Os controles de capitais reduzem os ganhos de *carry trade onshore*, mas também *offshore*. Os mercados *offshore* não existem isoladamente, há instituições que operam nesse mercado que mantêm vínculos constantes com o mercado *onshore*. Essas instituições repassam os custos dos controles de capitais para o mercado *offshore* por meio da arbitragem, uma vez que elas realizam operações de *clearing* e de *hedge* no mercado *onshore*. Nesse sentido, a curva de juros em reais *offshore* é afetada pelos controles de capitais domésticos.

"O custo da política de acumulação de reservas é o diferencial de juros."
- Não apenas. A acumulação de reservas, como qualquer operação intermoedas, está sujeita a um ganho ou uma perda com variações de preços. Se houver um diagnóstico do governo de que a taxa de câmbio está abaixo do nível adequado e uma vontade política de depreciar essa taxa, essa política pode ser um bom negócio.

TAXA DE CÂMBIO E POLÍTICA CAMBIAL NO BRASIL

"Os controles de capitais não funcionam, pois são medidas sobre os fluxos de capitais e não sobre o mercado futuro onde de fato se forma a taxa de câmbio."

- Conforme discutido, ao onerar as captações externas usadas para arbitragem entre o mercado à vista e futuro, os controles de capitais alteram a relação entre as cotações do dólar à vista e futuro, encarecendo as operações de especulação pela apreciação da moeda brasileira.

"A política de acumulação de reservas não tem impacto na taxa de câmbio, pois incentiva a arbitragem e a captação de recursos no exterior."

- As intervenções do Banco Central afetam a liquidez do mercado de câmbio e com isso a taxa de câmbio. Pode ocorrer, quando as intervenções são superiores ao fluxo cambial, de a compra de dólares causar o aumento do cupom cambial. Nesse caso, possíveis captações dos bancos com vista a ganhos de arbitragem podem neutralizar uma parte do efeito das intervenções sobre a taxa de câmbio.

"Os controles de capitais não funcionam, pois são permeáveis. Os agentes sempre descobrem um jeito de driblá-los."

- Através dos contratos de câmbio, o Banco Central controla o ingresso de recursos e a mudança na natureza dos recursos já ingressados. As formas legais de "driblar" os recursos como por meio de captação por investimento direto e investimento de longo prazo são possíveis, mas não estão isentas de custos e restrições operacionais. Uma prova recente de que os controles de capitais impactaram o Brasil é o aumento do cupom cambial.

"Por ser um contrato de duas pontas, é *necessário haver um agente especulador para haver disponibilidade de hedge, logo,* o especulador é fundamental para assumir os riscos das empresas produtivas."

- Essa afirmação não é verdadeira, uma vez que o especulador pode ser dispensável em contratos onde há interesses opostos de empresas que demandam *hedge* como entre uma empresa exportadora cujo risco é a apreciação cambial e uma empresa importadora que teme uma depreciação da taxa de câmbio. Nesse caso, o derivativo de câmbio atende a dois agentes com motivações *hedge* e proporciona redução de riscos para ambos ao "travar" o preço futuro da taxa de câmbio entre duas moedas.

CONCLUSÃO

Nos últimos 20 anos, o regime de câmbio flutuante brasileiro testemunhou as mais diversas experiências no plano da flutuação cambial; dois ciclos longos de apreciação (2003-08 e 2009-12), depreciações abruptas, períodos de estabilidade e também de volatilidade intensa, assim como se experimentaram os mais diversos tipos de política cambial; intervenções, *swaps*, controle sobre diversos fluxos de capital, regulação no mercado interbancário, taxação de derivativos.

A boa notícia é que esse padrão de flutuação não é imutável. Não há nenhuma lei econômica que imponha à moeda brasileira o respeito diário aos movimentos da liquidez global, nem a reagir instantaneamente às transitórias expectativas dos agentes financeiros. Tampouco essa flutuação é um desfecho inevitável das forças de mercado e da tecnologia, decorrentes de uma globalização financeira supostamente irreversível. Pelo contrário, esse padrão de flutuação cambial é uma opção política que decorre de uma institucionalidade politicamente construída e de um determinado modelo de atuação da política cambial que pode (e deve) ser aprimorado.

Como vimos ao longo do livro, a economia brasileira tem duas especificidades importantes para o entendimento da dinâmica cambial. A primeira é o alto patamar da taxa de juros que estimula as operações de *carry trade*. Esses investimentos provocam a apreciação da moeda brasileira nos períodos de alta do ciclo de liquidez internacional, mas também provocam o efeito inverso na reversão do ciclo, quando as operações de *carry trade* são desmontadas. Já a segunda particularidade da economia brasileira refere-se à institucionalidade do mercado de câmbio brasileiro que se mostra permeável à especulação financeira, dada a abertura financeira e a liquidez no mercado de derivativos.

Nesse contexto, a dinâmica especulativa constitui um desafio para a elaboração e implementação de políticas cambiais. Os instrumentos usuais de atuação no mercado de câmbio, como as intervenções e os *swaps*, apesar de importantes, não são suficientes para mitigar a volatilidade e as tendências de preços geradas pelo setor financeiro. O desafio da política cambial é, portanto, mais complexo e exige um olhar transformador sobre a atual institucionalidade do mercado de câmbio.

O tema dos derivativos de câmbio não deve ser tratado de forma estigmatizada; contudo deve-se reconhecer o caráter dual desse mercado: ao mesmo tempo que ele reduz incertezas microeconômicas ao prover o *hedge*, ele pode aumentar as instabilidades macroeconômicas. O mercado de derivativos se torna disfuncional quando a especulação é a motivação dominante e, sobretudo, quando as apostas são feitas todas na mesma direção. Nesse caso, abre--se espaço para distorções da taxa de câmbio e para a arbitragem de agentes, como os bancos comerciais. Diferentemente da máxima que estabelece que "especulação boa é aquela que se anula, e arbitragem boa é aquela que termina no tempo", no Brasil parece haver longos períodos de especulação unidirecional e arbitragem ininterrupta no tempo.

Finalmente, uma taxa de câmbio mais adequada ao desenvolvimento econômico, que permita a passagem para outro padrão de flutuação cambial, menos volátil e mais apropriada às necessidades do parque produtivo brasileiro, depende da regulação do mercado de câmbio. Em particular, essa regulação passa por uma inevitável redução da liquidez no mercado futuro. O objetivo final dessas políticas é neutralizar o efeito da especulação sobre a taxa de câmbio, que poderá flutuar mais próxima aos fundamentos, sem distorções financeiras.

REFERÊNCIAS

AFTALION, A. *Monnaie, prix et change*: experience recente et théorie. Bordeaux: Cadoret, 1927.

AGLIETTA, M.; BERREBI, L. *Désordres dans le capitalisme mondial*. Paris: Odile Jacob, 2007.

AKYÜZ, Y. Financial liberalization: the key issues. In: AKYÜZ, Y.; HELD, G. *Finance and the real economy*. Santiago: Univ. de las Naciones Unidas; Cepal; Unctad, 1993. p. 19-68.

BALASSA, B. The purchasing power parity doctrine: a reappraisal. *Journal of Political Economy*, v. 72, n. 6, p. 584-596, 1964.

BASTOS, P. P. *A dependência em progresso*: fragilidade financeira, vulnerabilidade comercial e crises cambiais no Brasil. Tese (doutorado) — Instituto de Economia, Universidade de Campinas, Campinas, 2001.

BAUMOL, W. Speculation, profitability, and stability. *The Review of Economics and Statistics*, v. 39, n. 3, p. 263-271, ago. 1957.

BCB. Posição de câmbio dos bancos. *Boletim Focus*. 2003.

_____. *Relatório de estabilidade financeira*. set. 2010. Disponível em: <www.bcb.gov.br/?RELESTAB201009>.

BECKER, C.; CLIFTON, K. Hedge fund activity and carry trades. *CGFS papers*, n. 29, 2007.

BELLUZZO, L. G. *Os antecedentes da tormenta*: origens da crise global. Campinas: Unesp, 2009.

BIANCARELI, A. M. Integração, ciclos e finanças domésticas: o Brasil na globalização financeira. Tese (doutorado) — Instituto de Estudos da Linguagem, Universidade de Campinas, Campinas, 2007.

_____. A abertura financeira no Brasil: um balanço crítico. In: MARCOLINO, L. C.; CARNEIRO, R. *Sistema financeiro e desenvolvimento no Brasil*. São Paulo: Atitude, 2010.

BIRD, G.; RAJAN, R. Banks, financial liberalization and financial crises in emerging markets. *The World Economy*, v. 24, p. 889-910, 2002.

BIS. Issues of measurement related to market size and macroprudential risks in derivatives markets. *Report prepared by a working group established by the central banks of the group of Ten countries*. Basle, fev. 1995.

_____. *International Banking and financial market developments*. Basileia: BIS, fev. 1998.

_____. Triennial Central Bank survey foreign exchange turnover in april 2013: preliminary global results monetary and economic department. Bank of International Settlements, set. 2013.

_____. *Triennial Central Bank survey*: report on global foreign exchange market activity in 2010. dez. 2010a. Disponível em: <www.bis.org/publ/rpfxf10t.pdf>.

BLANCHARD, O.; WATSON, M. Bubbles, rational expectations and financial markets. *NBER Working Paper Series*, no. 9115, 1982.

BLUMENSCHEIN, F.; LEON, F. L. Uma análise do desempenho e da segmentação do sistema de crédito à exportação no Brasil. In: PINHEIRO, A. C. et al. *O desafio das exportações*. Rio de Janeiro: BNDES, 2002.

BOAINAIN, P. G.; VALLS PEREIRA, P. L. Head and shoulder: testing the profitability of graphic pattern of technical analysis for the Brazilian stock exchange. *Munich Personal RePEc Archive Paper*, n. 15653, 2009.

BRIAN, D.; RAFFERTY, M. *Capitalism with derivatives*: a political economy of financial, capital and class. Nova York: Palgrave McMillan, 2006.

BRESSER-PEREIRA, L. C. The dutch disease and its neutralization: a Ricardian approach. *Revista de Economia Política*, v. 28, n. 1 (109), p. 47-71, jan./mar. 2008.

_____; GALA, P. Macroeconomia estruturalista do desenvolvimento. *Revista de Economia Política*, v. 30, n. 4, p. 663-686, 2010.

BURNSIDE, C. et al. The returns to currency speculation. *NBER Working Paper Series*, n. 12489, ago. 2006.

CAI, J. et al. "Once-in-a-generation" yen volatility in 1998: fundamentals, intervention, and order flow. *Journal of International Money and Finance*, n. 20, p. 327-347, 2001.

CARNEIRO, R. Globalização e inconversibilidade monetária. *Revista de Economia Política*, v. 28, n. 4, p. 539-556. 2008.

_____ et al. The fourth dimension: derivatives and financial dominance. *Review of Radical Political Economics*, 2015.

REFERÊNCIAS

____; ROSSI, P. The Brazilian experience in managing the interest-exchange rate nexus. In: BRESSER-PEREIRA, L. C.; KREGEL, J.; BURLAMAQUI, L. (Org.). *Financial stability and growth*: perspectives on financial regulation and new developmentalism. Londres; Nova York: Routledge, 2014. p. 194-211.

CARVALHO, F. C. *Mr Keynes and the post keynesians*. Brookfield: Edward Elgar, 1992.

CASSEL, G. Abnormal deviations in international exchanges. *The Economic Journal*, v. 28, n. 112, p. 413-415, 1918.

CIEPLINSKY, A.; BRAGA, J.; SUMMA, R. Avaliação empírica do teorema da paridade coberta para a economia brasileira. *Texto para Discussão 022*, Instituto de Economia da UFRJ, 2014.

CHICK, V. *Sobre moeda, método e Keynes*. Campinas: Editora da Unicamp, 2010.

COHEN, B. J. *The future of money*. Princeton: Princeton University Press, 2004.

DAVIDSON. P. *Money and the real world*. Londres: MacMillan, 1972.

DE CONTI, B. M. *Políticas cambial e monetária*: os dilemas enfrentados por países emissores de moedas periféricas. Tese (doutorado) — Instituto de Economia, Universidade de Campinas, Campinas, 2011.

____; BIANCARELLI, A. M.; ROSSI, P. Currency hierarchy, liquidity preference and exchange rates: a Keynesian/minskyan approach. In: CONGRES DE L'ASSOCIATION FRANÇAISE D'ÉCONOMIE POLITIQUE UNIVERSITÉ MONTESQUIEU, 2013, Bordeaux.

DE GRAUWE, P.; GRIMALDE, M. *The exchange rate in a behavioral finance framework*. Oxford: Princeton University Press, 2006.

DODD, R.; GRIFFITH-JONES, S. *Brazil's derivatives markets*: hedging, Central Bank intervention and regulation. Economic Commission for Latin America and the Caribbean (Eclac), 2007.

DORNBUSCH, R. Expectations and exchange rate dynamics. *Journal of Political Economy*, v. 84, n. 6, p. 1161-1176, 1976.

EHRBAR, A. The great bond market massacre. *Fortune Magazine*, 17 out. 1994. Disponível em: <http://fortune.com/2013/02/03/the-great-bond--massacre-fortune-1994/>.

EICHENGREEN, B. *A globalização do capital*. São Paulo: Editora 34, 2000.

_____. *The Global Credit Crisis as History*. Mimeografado. 2008. Disponível em: <www.econ.berkeley.edu/~eichengr/global_credit_crisis_history_12-3-08.pdf>

_____; MODY, A. Interest rates in the North and capital flows to the South: is there a missing link? Mimeografado. 1998. Disponível em: <www.econ.berkeley.edu/~eichengr/research/posen.pdf>.

EINZIG, P. *The theory of forward exchange*. Londres: Macmilan, 1937.

EUROPEAN CENTRAL BANK, The accumulation of foreign reserves. *Occasional paper series*, nº 43, 2006.

EVANS, M.; LYONS, R. K. Order flow and exchange rate dynamics. *BIS Papers*, n. 2, p. 165-192, abr. 2001.

FARHI, M. *O futuro no presente*: um estudo sobre o mercado de derivativos financeiros. Tese (doutorado) — Instituto de Economia, Universidade de Campinas, Campinas, 1998.

_____. Derivativos financeiros: hedge, especulação e arbitragem. *Economia e Sociedade*, v. 8, n. 2 (13), p. 93-114, 1999.

_____. Os impactos dos derivativos no Brasil. In: MARCOLINO, L. C.; CARNEIRO, R. *Sistema financeiro e desenvolvimento no Brasil*. São Paulo: Atitude, 2000.

FERRARI FILHO, F. *Política comercial, taxa de câmbio e moeda internacional*: uma análise a partir de Keynes. Porto Alegre: Editora URGS, 2006.

FISHER, S. *The Asian crisis*: a view from the IMF, discurso na "Midwinter Conference of the Bankers' Association for Foreign Trade". Washington, D.C., 22 jan. 1998. Disponível em: <www.imf.org/external/np/speeches/1998/012298.htm>.

FLASSBECK, H. The exchange rate: economic policy tool or market price? *Unctad discussion paper*, n. 157, 2001.

_____; LA MARCA, M. (Ed.). *Coping with globalized finance*: recent challenges and long-term perspectives. Genebra: Unctad, 2007.

FLEMING, M. Domestic financial policies under fixed and under floating exchange rates. *Staff Papers — International Monetary Fund*, v. 9, n. 3, p. 369-380, nov. 1962.

FMI. *Balance of payments manual*. The fifth edition. 1993. Disponível em: <www.imf.org/external/np/sta/bop/bopman.pdf>.

FRANCO, G. The real plan and exchange rate. *Essays international Finance*, Princeton University, n. 216, 2000.

REFERÊNCIAS

FRANKEL, J. Carried away: everything you always wanted to know about the carry trade, and perhaps much more. *Milken Institute Review*, v. 10, n. 1, p. 38-45, jan. 2008.

_____ et al. (Ed.). *The microstructure of foreign exchange markets*. Chicago: University of Chicago Press, 1996. p. 183-208.

FRENKEL, J. A monetary approach to the exchange rate: doctrinal aspects and empirical evidence. *The Scandinavian Journal of Economics*, v. 78, n. 2, p. 200-224, 1976.

_____; JOHNSON, H. *The monetary approach of balance of payments*. Londres: George Allen & Unwin, 1976.

FRIEDMAN, M. *Essays in positive economics*. Chicago: University of Chicago, 1974 [1953].

FUERBRINGER, J. International business: many players, many losers; how and why Asian currencies tumbled so quickly. *New York Times*, 10 dez. 1997. Disponível em: <www.nytimes.com/1997/12/10/business/international-business-many-players-many-losers-why-asian-currencies--tumbled-so.html?pagewanted=all>.

FUNABASHI, Y. *Managing the dolar*: from Plaza to the Louvre. Washington, DC: Institute for International Economics, 1988.

GAGNON, J. E.; CHABOUD, A. P. What can the data tell us about carry trades in Japanese yen? *International Finance Discussion Papers*, n. 899, Board of Governors of the Federal Reserve System, jul. 2007.

GALATI, G.; MELVIN, M. Why has FX trading surged? Explaining the 2004 triennial survey. *BIS Quarterly Review*, dez. 2004.

_____; HEALT, A.; MCGUIRE, P. Evidence of carry trade activity. *BIS Quarterly Review*, set. 2007.

GARCIA, M.; URBAN, F. *O mercado interbancário de câmbio*. Rio de Janeiro: Pontifícia Universidade Católica do Rio de Janeiro, 2004.

GOLDSTEIN, M. Origins of the crisis. In: IFF. *The Asian financial crisis*: causes, cures, and systemic implications. Institute of International Economics, 1998.

GROUP OF THIRTY. *The foreign exchange market in the 1980s*. The views of market participants. Nova York: Group of Thirty, 1985.

GYNTELBERG, J.; REMOLONA, E. M. Risk in carry trades: a look at target currencies in Asia and the Pacific. *BIS Quarterly Review*, dez. 2007.

HARVEY, J. T. *Currencies, capital flows, and crises*: a post Keynesian analysis of exchange rate determination. Londres; Nova York: Routledge, 2009.

HART, D.; KREPS, O. Price destabilizing speculation. *Journal of Political Economy*, v. 94, n. 5, p. 927-952, 1986.

HE, D.; MCCAULEY, R. Offshore markets for the domestic currency: monetary and financial stability issues. *BIS Working Papers*, n. 320, 2010.

HICKS, J. *The crisis in Keynesian economics*. Nova York: Basic Books, 1974.

ISARD, P. *Exchange rate economics*. Cambridge University Press, 1999.

_____. Uncovered interest rate parity. In: THE new Palgrave dictionary of economics. 2. ed. Londres: Palgrave Macmillan, 2008. v. 8.

ITO, T.; HASHIMOTO, Y. Intra-day seasonality in activities of the foreign exchange markets: evidence from the electronic broking system. *NBER Working Paper Series*, nº 12413, 2006.

JORDÀ, O.; TAYLOR, A. The carry trade and fundamentals: nothing to fear but fear itself. NBER Working Paper Series, *Working Paper 15518*, 2009.

KALTENBRUNNER, A. "International financialization and depreciation: the Brazilian real in the international financial crisis. *Competition and Change*, v. 14, n. 3-4, p. 294-321, set./dez. 2010.

KEYNES, J. M. *A tract on monetary reform*. Nova York: Prometheus Books, 2000 [1924].

_____. A treatise on money. In: _____. *The collected writings of John Maynard Keynes*. Londres: MacMillan, 1971a [1930]. v. V.

_____. The economic consequences of Mr. Churchill. In: _____. *The collected writings of John Maynard Keynes*. Macmillan and Cambridge Univesity Press, 1971b [1925].

_____. *A teoria geral do emprego do juro e da moeda*. São Paulo: Atlas, 1992 [1936].

KHALIDI, R. et al. The 2007 global financial turmoil. In: FLASSBECK, H.; LA MARCA, M. (Ed.). *Coping with globalized finance*: recent challenges and long-term perspectives. Genebra: UNCTAD, 2007.

KINDLEBERGER, C. *Manias, pânicos e crashes*: um histórico das crises financeiras. Rio de Janeiro: Nova Fronteira, 1996.

KLITGAARD, T.; WEIR, L. Exchange rate changes and net positions of speculators in the futures market. *FRBNY Economic Policy Review*, maio 2004.

REFERÊNCIAS

KOHLER, M. Exchange rates during financial crises. *BIS Quarterly Review*, mar. 2010.

KOLB, R. *Futures, options and swaps*. Oxford: Blackwell, 2003.

KRAUSE, L. *Speculation and the dólar*: the political economy of exchange rates. Oxford: Westview Press, 1991.

KRUGMAN, P. A model of balance of payments crises. *Journal of Money, Credit and Banking*, v. 11, n. 3, p. 311-325, ago. 1979.

_____. *What happened to Asia*. Mimeografado. 1998. Disponível em: <http://web.mit.edu/krugman/www/DISINTER.html>.

KUKK, K. (Re)discovering Ragnar Nurkse. *Kroon & Economy*, n. 1, p. 45-51, 2004.

LEAGUE OF NATIONS. *International currency experience*: lessons of the inter-war period. Geneva: League of Nations, 1944.

LYONS, R. Tests of microstructural hypotheses in the foreign exchange market. *Journal of Financial Economics*, Cambridge, 1995.

_____. Foreign exchange volume: sound and fury signifying nothing? In: FRANKEL, J. A. et al. (Ed.). *The microstructure of foreign exchange markets*. Chicago: University of Chicago Press, 1996. p. 183-208.

MARK, N. Exchange rate dynamics. In: THE new Palgrave dictionary of economics. Londres: Palgrave Macmillan, 2003. v. 3.

MAZZUCCHELLI, F. *Os anos de chumbo*: economia e política internacional no entreguerras. São Paulo: Unesp, 2009.

McCAULEY, R. N.; MCcGUIRE, P. Dollar appreciation in 2008: safe haven, carry trades, dollar shortage and overhedging. *BIS Quarterly Review*, p. 85-93, dez. 2009.

McKENZIE, R. A. Casino capitalism with derivatives: fragility and instability in contemporary finance. *Review of Radical Political Economics*, v. 43, n. 2, p. 198-215, 2011.

MEESE, R.; ROGOFF, K. Empirical exchange rate models of the seventies — do they fit out the sample? *Journal of International Economics*, n. 14, p. 3-24, 1983.

MENKHOFF, L.; TAYLOR, M. The obstinate passion of foreign exchange professionals: technical analysis. *Discussion Paper 352*, University of Warwick and Centre for Economic Policy Research, nov. 2006.

NEW YORK STATE DEPARTMENT OF FINANCIAL SERVICES. *Consent order under New York Banking Law §§ 44 and 44-a*, maio 2015. Disponível em: <www.dfs.ny.gov/about/ea/ea150520.pdf>.

MIHALJEK, D.; PARCKER, F. Derivatives in emerging markets. *BIS Quarterly Review*, dez. 2010.

MINSKY, H. *Stabilizing an unstable economy*. Londres: Yale University Press, 1986.

MIRANDA, J. C. Câmbio, juros e fisco: a experiência internacional. Tese (doutorado) — Instituto de Economia, Universidade de Campinas, Campinas, 1992.

_____. A economia monetária. In: CARNEIRO, R. (Org.). *Os clássicos da economia 2*. São Paulo: Ática, 2003.

MOOSA, I.; BHATTI, R. *The theory and empirics of exchange rates*. Londres: Stallion Press, 2010.

MORRIS, S.; SHIN, H.S. Risk management with Interdependent choice. *Oxford Review of Economic Policy*, v. 15, n. 3, 1999.

MUNDELL, R. The monetary dynamics of international adjustment under fixed and flexible exchange rates. *The Quarterly Journal of Economics*, v. 74, n. 2, p. 227-257, maio 1960.

MUSSA, M. The exchange rate, the balance of payments and monetary and fiscal policy under a regime of controlled floating. *The Scandinavian Journal of Economics*, v. 78, n. 2, p. 229-248, 1976.

OBSTFELD, M. Rational and self-fulfilling balance-of-payments crises. *The American Economic Review*, v. 76, n. 1, p. 72-81, mar. 1986.

OCAMPO, J. International asymmetries and the design of the international financial system. *Cepal — temas de coyuntura*, n. 15, 2001.

PÁDUA LIMA, M. L. *O euromercado e a expansão do capital financeiro internacional*. Dissertação (mestrado) — Instituto de Economia, Universidade de Campinas, Campinas, 1985.

PLIHON, D. *Les taux de change*. Paris: Découverte, 2001.

PRATES, D. M. *Crises financeiras dos países "emergentes"*: uma interpretação heterodoxa. Tese (doutorado) — Instituto de Economia, Universidade de Campinas, Campinas, 2002.

PRATES, D. M. As assimetrias do sistema monetário e financeiro internacional. *Revista de Economia Contemporânea*, Rio de Janeiro, v. 9, n. 2, p. 263-288, maio/ago. 2005.

_____. Os determinantes das taxas de câmbio nominal e real no Brasil no período 2003-2007. In: FERREIRA, F.; MEIRELES, B. *Ensaios sobre economia financeira*. Rio de Janeiro: BNDES, 2009.

REFERÊNCIAS

____. *O regime de câmbio flutuante no Brasil: 1999-2012*: especificidades e dilemas. Brasília: Ipea, 2015.

PRECHTER, R. (Ed.). *R. N. Elliot masterwork the definitive collection*. Gainesville: New Classics Library, 2004.

ROSSI, P. Especulação e arbitragem no mercado de câmbio futuro brasileiro. *Revista de Economia Contemporânea* (Impresso), v. 18, p. 84-98, 2014b.

____. Institucionalidade do mercado de câmbio e a política cambial no Brasil. *Economia e Sociedade*, v. 23, p. 645-667, 2014a.

____. O mercado internacional de moedas, o *carry trade* e as taxas de câmbio. *Observatório da Economia Global*, Textos Avulsos n. 5, 2010b. Disponível em: <www.iececon.net/foco.htm>.

____. Política cambial no Brasil: um esquema analítico. *Revista de Economia Política*, v. 35, 2015.

____. *Taxa de câmbio no Brasil*: dinâmicas da arbitragem e da especulação. Tese (doutorado) — Instituto de Economia, Universidade de Campinas, Campinas, 2012.

____; Prates, D. M. Financiamento às exportações no Brasil. *Análise Econômica* (UFRGS), v. 31, p. 203-230, 2013.

SAMUELSON, P. Theoretical notes on trade problems. *The Review of Economics and Statistics*, v. 46, n. 2, p. 145-154, maio 1964.

SARNO, L.; TAYLOR, M. P. The microstructure of the foreign-exchange market: a selective survey of the literature. *Princeton Studies in International Economics*, n. 89, maio 2001.

____. *The economics of exchange rates*. Cambridge: Cambridge University Press, 2006.

SCHULMEISTER, S. *Technical trading and trends in the dollar-euro exchange rate*. Viena: Wifo, nov. 2009.

____. Flutuações de preços de ativos, crises financeiras e os efeitos estabilizadores de um imposto sobre os fluxos financeiros. In: CINTRA, M. A. et al. (Org.). *Globalização para todos*: taxação solidária sobre os fluxos financeiros internacionais. Brasília: Ipea, 2010.

SERRANO, F. Do ouro imóvel ao dólar flexível. *Economia e Sociedade*, Campinas, v. 11, n. 2 (19), p. 237-253, 2002.

SNOWDON, B.; VANE, H. *Modern macroeconomics*: its origin, development and current state. Cheltenham: Edward Elgar, 2005.

SOUZA, F. E. P.; HOFF, C. R. O regime cambial brasileiro: sete anos de flutuação. In: BERLINSKI, J. et al. (Org.). *15 años de Mercosur*. Montevidéu: Zonalibro, 2006.

SWAN, T. Longer-run problems of the balance of payments. *The Australian Economy*, Sydney, p. 384-395, 1963.

TAYLOR, M. P.; ALLEN, H. The use of technical analysis in the foreign exchange market. *Journal of International Money and Finance*, v. 11, n. 3, p. 304-314, 1992.

TERADA, T. Recent trends in Japanese foreign-exchange margin trading. *Bank of Japan Review*, set. 2008.

UNCTAD. *Trade and development report*. Nova York; Geneva: United Nations, 2007.

_____. Global monetary chaos: systemic failures need bold multilateral responses. *Unctad Policy Briefs*, n. 12. Nova York; Geneva: United Nations, 2010.

VASCONCELOS, M. *Instabilidade e especulação em mercados cambiais*. Tese (doutorado) — Instituto de Economia, Universidade de Campinas, Campinas,1998.

VENTURA, A.; GARCIA, M. Mercados futuro e à vista de câmbio no Brasil: o rabo balança o cachorro. *Texto para discussão*, PUC-Rio, n. 563, 2009.

WILLIANSON, J. Exchange rate economics. *Peterson Institute Working Paper Series*, W P 0 8-3, 2008.

ZINI, A. *Taxa de câmbio e política cambial no Brasil*. São Paulo: Edusp, 1995.